Métodos de pesquisa em Relações Internacionais

Análise de Política Externa • Haroldo Ramanzini Júnior e Rogério de Souza Farias
Direito das Relações Internacionais • Márcio P. P. Garcia
Direitos Humanos e Relações Internacionais • Isabela Garbin
Economia Política Global • Niels Soendergaard
História das Relações Internacionais • Antônio Carlos Lessa e Carlo Patti
Introdução às Relações Internacionais • Danielly Ramos
Métodos de pesquisa em Relações Internacionais • Vânia Carvalho Pinto
Negócios internacionais • João Alfredo Nyegray
Organizações e Instituições Internacionais • Ana Flávia Barros-Platiau e Niels Soendergaard
Política Internacional Contemporânea • Thiago Gehre Galvão
Teoria das Relações Internacionais • Feliciano de Sá Guimarães

Proibida a reprodução total ou parcial em qualquer mídia
sem a autorização escrita da editora.
Os infratores estão sujeitos às penas da lei.

A Editora não é responsável pelo conteúdo deste livro.
A Autora conhece os fatos narrados, pelos quais é responsável,
assim como se responsabiliza pelos juízos emitidos.

Consulte nosso catálogo completo e últimos lançamentos em www.editoracontexto.com.br.

Métodos de pesquisa em Relações Internacionais

Vânia Carvalho Pinto

Coordenador da coleção
Antônio Carlos Lessa

editora**contexto**

Copyright © 2023 da Autora

Todos os direitos desta edição reservados à
Editora Contexto (Editora Pinsky Ltda.)

Foto de capa
Annie Spratt em Unsplash

Montagem de capa e diagramação
Gustavo S. Vilas Boas

Preparação de textos
Lilian Aquino

Revisão
Ana Paula Luccisano

Dados Internacionais de Catalogação na Publicação (CIP)

Pinto, Vânia Carvalho
Métodos de pesquisa em Relações Internacionais /
Vânia Carvalho Pinto. – São Paulo : Contexto, 2023.
144 p. (Coleção Relações Internacionais / coordenação
Antônio Carlos Lessa)

Bibliografia
ISBN 978-65-5541-183-6

1. Relações internacionais – Pesquisa – Metodologia
I. Título II. Lessa, Antônio Carlos

23-2054   CDD 327.101

Angélica Ilacqua – Bibliotecária – CRB-8/7057

Índice para catálogo sistemático:
1. Relações internacionais – Metodologia da pesquisa

2023

Editora Contexto
Diretor editorial: *Jaime Pinsky*

Rua Dr. José Elias, 520 – Alto da Lapa
05083-030 – São Paulo – SP
PABX: (11) 3832 5838
contato@editoracontexto.com.br
www.editoracontexto.com.br

Sumário

INTRODUÇÃO 7

MÉTODOS DE COLETA DE INFORMAÇÃO 13

A revisão de literatura 13

Pesquisa de campo 19

Observação participante e não participante 28

Entrevistas e amostragem 30

Grupos focais 40

Questionários 43

Vinhetas 46

MÉTODOS PARA A ANÁLISE DA INFORMAÇÃO 49

Transcrição e confidencialidade 49

Codificação 57

Análise de discurso 63

Process tracing 68

Análise de conteúdo: interpretativa e qualitativa 74

Análise temática 85

Pesquisa e análise históricas 89

METODOLOGIAS, REFLEXIVIDADE
E A ESCRITA DE UM TRABALHO ACADÊMICO ... 95

A metodologia ... 96

Ética, reflexividade e posicionalidade ... 112

Pergunta e estrutura de um projeto de pesquisa ... 118

A escrita do argumento ... 123

Os elementos de um trabalho acadêmico ... 127

APÊNDICE:
OS CAQDAS, SOFTWARES DE AUXÍLIO À PESQUISA ... 131

SUGESTÕES DE LEITURA ... 133

BIBLIOGRAFIA ... 139

A AUTORA ... 143

Introdução

Este é um livro sobre métodos de pesquisa em relações internacionais. Tem por objetivo oferecer suporte à aprendizagem e ao ensino em nível de graduação em Relações Internacionais. Trata-se de um manual que oferece todos os conceitos e explicações necessários não só para cursar com sucesso uma disciplina de métodos, mas também para preparar um projeto ou realizar um trabalho de pesquisa. Nesse sentido, um estudante de pós-graduação pode também encontrar aqui informações e dicas úteis para a prossecução do seu trabalho.

Antes de começar a falar de métodos de pesquisa propriamente ditos, deve-se reconhecer, à partida, que podem ser uma temática um pouco árida, o que, na nossa opinião, ajuda a explicar algumas resistências que muitos estudantes têm em relação à disciplina. De fato, tais dificuldades traduzem-se em duas crenças errôneas acerca da utilidade das discussões metodológicas. A primeira remete à ideia de que só vale a pena aprender métodos quando se quer escrever uma monografia de conclusão de curso e presumindo-se, assim, que o saber sobre os métodos não tem qualquer utilidade no âmbito da graduação. O segundo erro advém da convicção de que métodos só são úteis para aqueles que querem seguir a vida acadêmica, não apresentando qualquer outra utilidade para a vida profissional. Ambas as crenças estão bastante distantes da realidade.

Métodos de pesquisa em Relações Internacionais

Comecemos por abordar essas ideias no contexto universitário. De fato, a aprendizagem de métodos de pesquisa não é somente para aqueles que desejam fazer uma iniciação científica e/ou uma monografia de conclusão de curso. Basta lembrar que toda disciplina de nível universitário requer em algum momento a realização de trabalhos, sejam eles curtos ou longos, e que os métodos de pesquisa são uma parte essencial do planejamento e da realização desses trabalhos. Por isso mesmo, eles devem ser considerados uma ferramenta organizacional de aplicação geral. Nós sugerimos os métodos de pesquisa por vários motivos: primeiro, eles oferecem técnicas e guias de ação para explorar de forma organizada e estruturada os temas de interesse dos estudantes. Como é que isso é feito? Basta lembrar que na realização de qualquer trabalho, é preciso olhar para a informação – livros, artigos científicos, documentos oficiais, vídeos, enfim, quaisquer que sejam os materiais que se está utilizando – e selecionar os dados que interessam para responder à pergunta da pesquisa. Trata-se de um processo que pode parecer imenso e esmagador, dadas a multiplicidade de materiais e a dificuldade em selecionar aquilo que é importante, mas é aí que entram os métodos de pesquisa. Depois de aprendê-los, torna-se possível olhar para toda essa informação de forma direcionada, 'recortar' os dados relevantes e organizá-los num texto coerente. Segundo, aprender métodos de pesquisa também ajuda a resolver eventuais dilemas éticos que possam surgir ao longo da investigação. Exemplos disso incluem o que fazer com informações interessantes que possam ser transmitidas em confidência ao pesquisador no contexto de entrevistas; como lidar com vieses pessoais no processo de análise; e como anonimizar contribuições para a pesquisa.

Mas para além dessa utilidade acadêmica, o conhecimento referente a métodos de pesquisa também pode incidir de maneira decisiva sobre a vida profissional ou pós-acadêmica. Na realidade, o que se aprende na disciplina constitui uma habilidade muito útil, independentemente do caminho que se siga ou da atuação profissional que se venha a ter. Como mencionado, métodos de pesquisa nada mais são do que formas estruturadas e centradas de olhar para as informações,

Introdução

analisá-las e extrair delas o necessário para explicar qualquer evento, circunstância ou fenômeno de interesse. Aprender sobre métodos é, em suma, aprender sobre como organizar e estruturar o próprio pensamento. Na vida pós-universidade, esse conhecimento pode depois ser traduzido num grande número de situações profissionais: desde uma fala bem estruturada feita no contexto de uma reunião importante; passando pela boa elaboração de um relatório imbuído de uma organização, processamento e condensação de informações em larga escala; e chegando à capacidade de tomar decisões levando em consideração informações e circunstâncias complexas, que apenas podem ser bem-sucedidas quando o decisor é capaz de pensar de maneira metódica sobre o que está fazendo.

Este livro surge nessa esteira. Esperamos, portanto, que constitua um manual útil para aprendizagem das competências que tornam o estudante de Relações Internacionais um analista e intérprete ativo das informações com que lida, e não um mero consumidor acrítico das últimas. O que é apresentado aqui é o produto de vários anos ensinando métodos de pesquisa na graduação e na pós-graduação no Instituto de Relações Internacionais da Universidade de Brasília. Os conteúdos foram selecionados com base na experiência da autora e resultam das perguntas mais frequentes recebidas de alunos, não só no contexto de disciplinas de métodos de pesquisa, como também no de orientação de projetos de investigação. Este é o primeiro livro do gênero dedicado especificamente às relações internacionais e tendo por base as necessidades de formação de estudantes brasileiros, ao contrário dos vários manuais disponíveis no mercado que são traduções do inglês. Essas obras foram escritas na sua maioria por autores estadunidenses e destinadas primariamente a alunos dessa nacionalidade.

Antes de apresentar a estruturação do livro, é útil antecipar algumas distinções terminológicas. Metodologia e métodos de pesquisa são conceitos muitas vezes confundidos e utilizados de forma equivalente. Contudo, "metodologia" será aplicada para se falar da *moldura interpretativa geral* na qual se desenvolve um trabalho, isto é, o contexto teórico ou conceitual em que o trabalho é feito e vai ser percebido. É o caso da etnografia, do feminismo, do estudo de caso, para mencionar somente alguns exemplos.

Os "métodos de pesquisa", por contraste, equivalem *aos meios e às técnicas utilizados para acessar a informação* e analisá-la. Além disso, no que diz respeito aos últimos, é útil distinguir entre os *métodos de coleta de informação* – como a revisão da bibliografia secundária, a realização de entrevistas ou questionários, entre outros –; e os *métodos de análise da informação*, isto é, aqueles que permitem tratar os dados e extrair deles significados, estabelecer entre eles relações de causalidade ou explicar o funcionamento de estruturas. São disso exemplo a análise de discurso, o *process tracing* e a codificação, entre outros discutidos neste manual.

Este livro está estruturado em três capítulos claramente definidos. O primeiro é dedicado à coleta de dados, também designado como métodos para a coleta de informação; o segundo debruça-se sobre a análise dos dados coletados, ou seja, os métodos para a análise da informação. O terceiro oferece dois momentos distintos: um analítico, seguindo o fio condutor dos capítulos precedentes; e um momento mais prático, devotado à estruturação de um projeto de pesquisa e de um trabalho acadêmico. Segue-se um breve apêndice sobre softwares de análise auxiliadores da pesquisa, os chamados CAQDAS (*Computer-Assisted Qualitative Data Analysis Software*), e o manual encerra-se com uma lista de leituras relevantes para aprofundar os tópicos discutidos ao longo do livro.

Detalhando um pouco mais cada capítulo, como foi dito anteriormente, o primeiro incide sobre técnicas de coleta de dados, assim como sobre as várias circunstâncias e dinâmicas que as podem afetar. Como a informação mais comum utilizada em pesquisa é a bibliografia encontrada on-line ou nas bibliotecas, o livro inicia-se explicando a diferenciação entre literatura primária, secundária e cinzenta. Segue-se a pesquisa de campo. Esta consiste na entrada, física ou digital, na área que se pretende investigar. Pode ser, por exemplo, uma empresa, uma universidade, ministério, entre outros que serão discutidos mais à frente. Existe toda uma série de dinâmicas que afetam não só as possibilidades de acesso, como também o modo como a pesquisa, uma vez nessa área, pode-se desenrolar. Por isso mesmo, falamos de temas como a existência de *gatekeepers* – literalmente 'guardiões do portão', que medeiam, de forma positiva ou negativa, esse acesso; a pesquisa em contextos perigosos; assim como o modo como vamos ser percebidos pelos participantes – como alguém 'de dentro' ou 'de fora' – o que pode impactar a recolha de informação. Seguem-se apresentações e discussões sobre outros métodos comuns de recolha de informação, como a observação participante e não participante; a construção de uma amostra para entrevistas, assim como guias sobre como as conduzir; a constituição de grupos focais presenciais e on-line; a elaboração e a aplicação de questionários, assim como a realização de vinhetas.

Da recolha da informação passamos para a sua análise, e o segundo capítulo apresenta uma ampla gama de técnicas para o tratamento dos dados. São abordados temas como a transcrição e a confidencialidade – que são o primeiro passo na análise –, caso sejam realizadas entrevistas ou grupos focais. Segue-se uma série de métodos para análise de dados, uns mais comuns do que outros, que são utilizados em publicações da área de relações internacionais. Estes são a codificação, a análise de discurso, o *process tracing*, a análise de conteúdo qualitativa e interpretativa, a análise temática e, por fim, a pesquisa histórica. Depois da explicação de cada um desses métodos, segue-se uma breve descrição de um artigo acadêmico em que o método em causa tenha sido aplicado. Na escolha dos métodos para compor este livro, buscou-se combinar métodos comumente utilizados em relações internacionais – como a análise de discurso – com outros que, apesar de ainda não usados na área, oferecem grande potencial para o estudo de temas internacionais, como a análise temática.

Por fim, o terceiro e último capítulo é apresentado em dois momentos, divididos ao longo de cinco seções: um de cariz mais analítico e um outro mais estrutural. O momento analítico começa com uma discussão metodológica, focando na etnografia, na narrativa, no estudo

Métodos de pesquisa em Relações Internacionais

de caso e no feminismo; seguido por uma seção em que se abordam a ética, a posicionalidade e a reflexividade. Na sequência, e num segundo momento de cunho mais organizacional, discorre-se sobre os elementos que devem constar tanto num projeto de pesquisa como num trabalho acadêmico, discussão essa que é complementada com a apresentação de estratégias para escrever um argumento científico.

Ao compilar e discutir esses temas, esperamos que o manual seja de utilidade não só para o professor, mas também para o aluno de Relações Internacionais. Os capítulos estão pensados para serem lidos em sequência no contexto de disciplinas acadêmicas; mas também podem ser lidos individualmente, em função do interesse do leitor nos temas específicos abordados no livro.

Métodos de coleta de informação

Neste capítulo, são explicitados alguns dos métodos mais comumente usados para a coleta de informação. Abordam-se, primeiro, os procedimentos ligados à coleta de literatura primária, secundária e cinzenta, incluindo as definições e as características de cada um desses tipos de fontes. Introduz-se, a seguir, a pesquisa de campo. São enfocadas aqui as dinâmicas de interação do pesquisador com os participantes e as formas como estas afetam a investigação; os problemas e as facilidades que o pesquisador pode encontrar na sua entrada e manutenção no ambiente da pesquisa; assim como questões de segurança que podem surgir caso a investigação seja realizada num contexto perigoso. Num terceiro momento, são detalhados os métodos das observações participante e não participante. Na quarta seção, aborda-se o tema da amostragem; e são explicados os vários tipos de entrevistas: aberta, estruturada e semiestruturada. O capítulo termina com a discussão de três outros métodos de coleta de informação: os grupos focais, os questionários e as vinhetas.

A REVISÃO DE LITERATURA

Vivemos numa era em que nunca houve tanta informação disponível como agora, tanto de boa como de má qualidade. Por isso mesmo, é importante que um trabalho acadêmico contenha referências bibliográficas, isto é, uma lista de todos os tipos de materiais consultados, tanto físicos como áudios e digitais. É através da lista de referências que o leitor sabe qual foi a informação utilizada para construir o argumento. As dificuldades associadas à busca de dados prendem-se, muitas vezes, com a identificação da informação de qualidade e, dentro desta, com a seleção daquilo que interessa à pesquisa. Nesse processo de busca de informação, deve também ser feita uma avaliação do tipo de dados recolhidos, um processo denominado crítica das fontes, que será explicado mais à frente.

De forma geral, podemos considerar que existem três grandes 'mananciais' de informação para a pesquisa. O primeiro é a internet, onde se encontram, para além de fontes escritas, também fotos, áudios, vídeos e comunicações de redes sociais. O segundo manancial são as fontes físicas que incluem, para além do citado anteriormente, objetos e documentos que não estejam digitalizados. É o caso, por exemplo, dos acervos de arquivos e bibliotecas. O terceiro manancial de informação é constituído pelos dados recolhidos ou (co-)produzidos pelo pesquisador com a ajuda de métodos como a observação, as entrevistas e os grupos focais. Dentro dos dois primeiros grandes mananciais – internet e materiais físicos – podem ser encontrados três tipos de fontes: a literatura primária, a secundária e a cinzenta. Todos esses diferentes tipos de fontes podem assumir variadíssimos formatos: desde o escrito, passando pela versão em áudio e/ou em vídeo ou até mesmo um artefato, como é o caso das fotografias, de vários objetos, de cartas, entre muitos outros. As fontes podem ser abertas (disponíveis para o público); restritas (ser preciso autorização de algum órgão ou departamento); ou fechadas (acesso vedado ao público). Geralmente, as fontes que pertencem às duas últimas categorias – restritas e fechadas – tendem a ser aquelas de origem oficial.

As fontes primárias referem-se a registros de ideias, percepções ou eventos que são feitos na altura em que ocorreram. É o caso de artigos de jornal, cartas, documentos oficiais ou o registro de discursos proferidos por decisores políticos. Também as entrevistas são, muitas vezes, consideradas fontes primárias, ainda que nem sempre sejam produzidas logo depois dos acontecimentos a que se referem.

Métodos de coleta de informação

As fontes secundárias são interpretações desse material; são comentários, em qualquer configuração, a algo já escrito e/ou descrito. Por exemplo, livros acadêmicos são quase sempre fontes secundárias. No contexto de um trabalho acadêmico, deve-se começar pelas fontes secundárias, particularmente se o pesquisador ainda conhecer pouco do tema que escolheu. De fato, essas versões comentadas – pela síntese que oferecem das fontes primárias, pelo fato de localizarem as últimas na literatura temática mais abrangente, assim como pelas interpretações que oferecem – devem constituir o ponto de partida para a familiarização inicial do pesquisador com o seu tema de pesquisa. Além disso, por fazerem elas próprias uma revisão da literatura existente, podem ser lidas também com o propósito de se descobrir a partir delas fontes que pareçam relevantes para a pesquisa que se está realizando. Tais fontes referidas na literatura secundária podem, subsequentemente, ser procuradas, lidas diretamente e analisadas.

A verdade é que se o pesquisador começa diretamente pelas fontes primárias, por exemplo, por um relatório de uma reunião específica ocorrida entre as diplomacias de dois países na véspera de um conflito armado, muitas vezes não consegue entender bem o que lê e pode até ser iludido pelo discurso politicamente correto que geralmente caracteriza o conteúdo manifesto (i.e., aquele que é aparente) das fontes oficiais. Precisa conhecer a fundo o tema e o período que está estudando, assim como o contexto, para entender não só o que está sendo dito, como também as ausências de temas ou expressões que seriam, dado o tópico, relevantes.

A chamada literatura cinzenta representa um tipo de informação que é produzido por organizações ou indivíduos que estão fora dos canais tradicionais de publicação comercial e acadêmica. Por esse motivo, essas fontes tendem a ser difíceis de aceder – por terem tido poucas impressões ou por estarem alojadas em sites instáveis e/ou em outros cuja origem seja duvidosa. Essas características da literatura cinzenta fazem com que não se possa assegurar a veracidade da informação que transmite, o que leva à limitação imposta por revistas científicas relativamente ao uso deste tipo de material – em geral um máximo de 20%

da bibliografia total. A literatura cinzenta é muito útil quando a informação disponibilizada pelas fontes tradicionais é limitada; seja por ser ainda um tema pouco explorado, seja por se referir à informação que poucas pessoas conhecem, ou até mesmo por se tratar de dados sobre a atuação de governos autoritários, regimes esses que controlam, e muito, o fluxo de informação.

Em relações internacionais, é quase sempre importante que a pesquisa por literatura secundária abranja material escrito em inglês. Caso o tema se preste a ter literatura significativa também em outro idioma para além dos citados – por exemplo, o estudo da política externa francesa ou de relações entre países da América do Sul –, a pesquisa deve ser feita também nos idiomas relevantes: no caso, francês e espanhol, respectivamente. Se o foco da pesquisa for governos ou organizações, é importante procurar material nos sites oficiais correspondentes.

Através do processo contínuo de consulta de obras e de anotação das referências que parecerem relevantes ao tema, vai-se construindo o acervo bibliográfico para estudo. Uma nota importante para os interessados em política externa e/ou contemporânea é a de, sempre que possível, falar com as pessoas envolvidas de alguma forma na prossecução desses relacionamentos, como por exemplo diplomatas e empresários. Não se deve estudar política contemporânea limitando-se ao publicado em livros ou ao reportado na imprensa; é fundamental tentar conversar com os principais intervenientes e/ou operadores políticos. Desse modo, abre-se a possibilidade de entender melhor as suas interpretações dos eventos, assim como as motivações inerentes às ações de que participaram. Um potencial bónus extra nesse sentido é o de potencialmente obter informações que ainda não tenham sido objeto de atenção pública.

Chegados a este ponto em que definimos os vários tipos de literatura, aborda-se agora o procedimento da crítica das fontes mencionado atrás. De fato, em todos os métodos de recolha de informação, o pesquisador deve ser criterioso relativamente aos ambientes que escolhe observar; às pessoas que convida para entrevistar; e à literatura que decide utilizar. No que concerne a esta última, comecemos pelo tipo de seletividade das fontes secundárias que é o mais óbvio: a escolha daquelas que são gratuitas e as que estão geograficamente mais próximas. Há, portanto, um viés inadvertido na escolha. Isso não é errado, nem é possível evitá-lo na grande maioria das vezes. Contudo, devem ser tomados alguns cuidados, tanto com as fontes físicas como com aquelas que forem encontradas on-line. Em ambos os casos, é aconselhável que seja feita uma breve busca sobre o autor e a obra, assim como sobre comentários feitos à última, por exemplo, na forma de resenhas em periódicos especializados. O pesquisador deve certificar-se de que não está, inadvertidamente, utilizando uma obra de qualidade acadêmica duvidosa, ou que esteja demasiadamente sobrecarregada de motivação político-ideológica.

Se a fonte for exclusivamente digital e só for acessível on-line, para além do citado anteriormente, deve-se verificar também o site onde a notícia ou o artigo estão alojados e se há algum tipo de credencial para publicar sobre o tema em questão. É importante verificar os links oferecidos em apoio daquilo que é relatado, ou seja, se eles correspondem realmente àquilo que é descrito, e se as fontes são confiáveis. Caso seja uma notícia, deve-se conferir se outros sites também a publicam (American Library Association, 2019).

Nesse contexto, é importante fazer uma nota relativamente às obras de História, tanto livros como artigos. Em trabalhos sobre política contemporânea, aquelas são muitas vezes utilizadas para oferecer o contexto necessário à interpretação de eventos atuais. Nesse sentido, a literatura historiográfica acaba por ser usada de forma direcionada e instrumental, ou seja, manuseada de maneira em que somente se retiram os 'fatos' a que as obras se referem – como datas, acontecimentos e afins –, sem refletir muito acerca das interpretações promovidas pelos autores em particular e que, certamente, balizaram a seleção e o tratamento daqueles fatos. Em vista disso, é relevante ter em mente que não existe uma reprodução fiel e sem vieses do passado. Um acontecimento só adquire significado mediante a interpretação que lhe é atribuída, interpretação essa que deriva não só da formação intelectual do autor, mas também das condições em que trabalha (Thies, 2002: 351-372). Isso, aliás, vale não só para as obras de cunho mais histórico. Qualquer autor no campo das relações internacionais terá crenças pessoais e compromissos profissionais que possam levar a que promova uma perspectiva em detrimento de outra(s). Além disso, existem também questões relacionadas com o financiamento de pesquisa por agências intra ou extragovernamentais. Por exemplo, estas podem preferir financiar certos temas em vez de outros, preferência que pode existir em razão de ideais e programas políticos, ou desenvolver-se até mesmo na esteira de modas intelectuais, como o foi a Primavera Árabe há uns anos, e hoje – no momento da escrita – a segurança energética europeia no contexto da invasão russa da Ucrânia. No fim, o pesquisador acaba por adaptar-se a esses direcionamentos. Outra nota importante diz respeito à pesquisa conduzida sobre regimes autoritários. Nesse caso, é possível que os livros produzidos sobre eventos do passado, assim como as interpretações neles contidas, transmitam uma versão dos acontecimentos que foi sujeita à aprovação pelo regime que está no poder e que, claro, lhe será a mais favorável possível. Uma forma de contornar este problema é buscar ler publicações mais antigas, de uma época em que o regime não detinha um controle tão forte sobre os intelectuais e as produções bibliográficas, e consultar as informações e interpretações lá oferecidas. Entrevistas com pessoas que vivenciaram eventos importantes no contexto da pesquisa também são um meio usual para contornar a dificuldade em questão. Dado o exposto até o momento, propomos o exercício reflexivo, descrito no quadro a seguir, sobre a seletividade das fontes.

A escolha das fontes

Até que ponto as fontes escolhidas para a pesquisa revelam informação que corresponde às suas próprias ideias ou àquilo que deseja muito que transmitam? A busca por fontes está sendo a mais ampla possível, possibilitando o aparecimento de interpretações díspares da sua?

Métodos de coleta de informação

PESQUISA DE CAMPO

Na sequência da revisão de materiais primários, secundários e cinzentos, entramos agora no segundo método de coleta de informação que é a pesquisa de campo. De fato, pesquisar "no campo" refere-se à entrada e à estadia no espaço físico ou virtual de interesse para a investigação: uma embaixada, um departamento, uma organização internacional, um ministério, um campo de refugiados, um chat, um jogo de computador, entre muitas outras possibilidades. Nesta seção, contudo, focamos o local físico de investigação e não o virtual. A pesquisa de campo é menos comum na graduação, mas pode ocorrer dependendo do tema de investigação.

No âmbito da disciplina de Relações Internacionais, pode ser mais difícil conceituar o campo como algo físico. No estudo de temas mais tradicionais, o campo é, muitas vezes, algo amplo e abstrato, como "o sistema internacional" ou as relações entre Estados. Trata-se, como se vê, de espaços onde ninguém, obviamente, consegue entrar. Talvez por esse motivo, alguns autores considerem a mera realização de entrevistas como pesquisa de campo.

Seria, no entanto, errôneo concluir que não existem locais físicos onde seja factível uma pesquisa em relações internacionais. Eles existem, a exemplo dos que foram citados anteriormente, e a eles se somam outros, tais como as instituições oficiais, delegações de organizações internacionais, campos de refugiados, uma seção de uma organização internacional, navios que fazem o salvamento de refugiados oriundos do Norte de África no Mediterrâneo, entre muitos outros. Contudo, é verdade que muitos desses locais são difíceis de entrar, e pressupõem vários esforços para que isso ocorra, o que nos leva ao tema do *acesso*.

O acesso ao campo de pesquisa, portanto, diz respeito à capacidade do pesquisador de obter permissão para investigar um local ou observar um grupo de pessoas no seu ambiente – pode ser de trabalho, de vivência (como num campo de refugiados) e/ou um espaço de interação entre pessoas, como um clube –, com a finalidade de coletar dados. É

19

preciso estar ciente de que ganhar acesso e mantê-lo são dois processos díspares que pressupõem interações, porventura de natureza distintas, com diferentes grupos de pessoas.

Relativamente ao acesso propriamente dito, ele pode ser conseguido mediante uma reunião presencial, contato por e-mail ou por telefone. Na sequência, deve ser fornecida uma carta de apresentação, da universidade ou da instituição a que está filiado, explicitando, de forma sucinta, o projeto, o propósito da recolha de dados e a apresentação de garantias de confidencialidade e de anonimização no que tange à informação que for recolhida. Todos esses procedimentos sobre entrevistas e anonimização vão ser discutidos mais à frente neste capítulo.

Dependendo dos locais que o pesquisador pretenda visitar, e sobretudo se tratando de uma instituição ou organização de grande porte, podem surgir questionamentos acerca do projeto, até que a autorização de acesso se consolide. Contudo, mesmo sendo outorgada permissão, podem ser impostas algumas restrições. Essas restrições podem incidir sobre os espaços que o pesquisador pode frequentar, assim como sobre as interações que poderá observar.

A existência de conhecimentos prévios de natureza pessoal pode facilitar o acesso ao local e às pessoas, o que pode tornar a experiência relativamente simples. Mas, se esse não for o caso, ou se o ambiente a que o pesquisador busca acesso for restritivo (como o diplomático, por exemplo), o processo pode tornar-se mais longo. Por isso, é importante que no cronograma da pesquisa seja antecipada a possibilidade de que o espaço de tempo entre contatar as pessoas e efetivamente observá-las e/ou entrevistá-las pode demorar alguns meses. Ao conseguir permissão, segue-se o segundo processo, que é o de preservar o acesso obtido. A manutenção deste depende largamente do contato interpessoal entre o pesquisador e as pessoas que vai observar, ou seja, os participantes da pesquisa. A familiarização com normas de conduta básicas no local de investigação – incluindo códigos de vestimenta e de comportamento – é essencial. A adesão às normas do lugar é particularmente importante quando se trata de uma localidade ou ambiente que seja culturalmente muito diferente daquele a que o pesquisador está habituado. De fato, se o pesquisador tiver condições de permanecer muito tempo no campo – e caso fazê-lo seja relevante para o trabalho –, as pessoas podem vir a aceitá-lo pelo simples motivo de que se habituaram a vê-lo.

Outro conceito importante na pesquisa de campo é o de *gatekeepers*. A palavra é utilizada em inglês e essas pessoas são denominadas, em tradução literal, como os "guardiões dos portões". São aqueles que vão facilitar ou dificultar o acesso do pesquisador a pessoas, coisas ou lugares de interesse para a investigação. Eles não só decidem sobre a possibilidade de acesso, mas muitas vezes também sobre a extensão dele. Essas pessoas podem, inclusive, tomar decisões unilaterais acerca do que acreditam que vale ou não a pena para o pesquisador ver ou aprender. Podem decidir, por exemplo, que a pesquisa feita durante o período X – podendo ser este um dia, uma semana ou um mês – será suficiente, sem considerar a posição do pesquisador sobre o assunto. A posição de *gatekeeper* advém da relação pessoal ou profissional com a pessoa ou com o local a que o pesquisador deseja ter acesso. Pode ser o secretário, um assistente ou chefe de gabinete que tenha por função "filtrar" pedidos menos importantes ou indesejados. Pode ser um funcionário de uma agência governamental que conheça muitas pessoas e/ou que tenha prestígio junto aos seus pares. O *gatekeeper* é um indivíduo cujo poder deriva precisamente do acesso a essas pessoas e/ou organizações e que tende a proteger esse seu poder a todo o custo. Nesse sentido, tanto pode ser alguém acessível e disposto a ajudar como alguém de índole mais difícil. No último caso, é útil que o pesquisador esteja preparado para responder a frases como: "Mas na internet você pode encontrar tudo aquilo de que precisa para a sua pesquisa". Uma forma de lidar com essas situações é indicar claramente qual o tipo de informação que se faz necessário e que não pode ser encontrado on-line. O pesquisador também pode ouvir que: "X e Y já fizeram pesquisas semelhantes à sua e, portanto, ao ler esses trabalhos você poderá obter tudo de que precisa". Aqui surge mais uma vez a importância da revisão de literatura. O pesquisador deve conhecer os trabalhos de X e Y citados, e estar preparado para indicar o ângulo novo que o seu trabalho vai explorar. Nesse caso, é prático utilizar linguagem simples e não acadêmica, sendo consideradas as respostas que devem ser dadas a essas e a outras objeções antes de estabelecer contato com potenciais *gatekeepers*.

O relacionamento com essas pessoas pode vir a ser complicado e frustrante, mas o pesquisador deve sempre ter em mente a importância desse contato para o andamento da pesquisa. Por esse motivo, é necessário manter o ânimo e insistir de forma educada. Como sublinhado anteriormente, o conhecimento do campo e do tipo de informação que vai ser buscada é a melhor forma de lidar com *gatekeepers* difíceis. Caso os esforços de acesso não tenham sucesso, o pesquisador pode sempre tentar aceder através de outras pessoas ou tentar um campo semelhante. Por exemplo, se o interesse de pesquisa incidir sobre o estudo de campos de refugiados, existem, infelizmente, mais do que um onde o acesso pode ser tentado. Se o foco da investigação for tema econômico, e representantes de grandes empresas não se dispuserem a cooperar, o objetivo pode sempre ser mudado para empresas menores. Como exposto, se o acesso ao local primário de interesse não se concretizar, é sempre possível fazer ajustes ao objeto da pesquisa de modo a adequar o projeto a essas realidades. Eventuais dificuldades e necessidades de ajustes são normais na condução da pesquisa científica e não devem ser tratadas como elementos que a impossibilitem. Por fim, um ponto importante que deve ser referido no que concerne à pesquisa de campo é aquela conduzida em contextos perigosos – porque demanda, precisamente, maiores precauções de segurança, como detalhado a seguir.

Pesquisa em contextos perigosos

Por contexto perigoso, entende-se o local geográfico e/ou o ambiente social. Pode ser um bairro ou cidade, um país com regime autoritário, ou um local onde a aparência do pesquisador o coloque mais em evidência e sob risco de integridade física. Quando se faz pesquisa na própria cidade ou país, geralmente é sabido quais as zonas onde são maiores os riscos de roubos ou violência física perpetradas por estranhos, mas em contextos desconhecidos nem sempre esse tipo de conhecimento prático chega automaticamente. De fato, seja por desconhecimento, seja pelo entusiasmo em estar nesse novo local, o pesquisador deve estar atento para não se colocar inadvertidamente em situações de risco – em termos dos locais que frequenta e dos informantes que contata – em prol do objetivo de obter informação. Nesses ambientes, que podem ser muito diferentes daqueles a que está acostumado, pode ser mais difícil entender as pistas mais ou menos sutis do lugar. Caso a pesquisa seja conduzida no exterior ou num país de regime autoritário, os detalhes mais banais podem ser politizados e, por isso, o seu potencial de escaparem à atenção do pesquisador é maior.

É natural que nas interações proporcionadas na pesquisa de campo o pesquisador demonstre interesse por várias questões e faça perguntas, muitas perguntas aos seus interlocutores. Nesse sentido, as conversas que forem travadas ao longo da pesquisa, os interlocutores delas, e os temas sobre os quais incide a investigação podem, combinados ou isoladamente, despertar o interesse dos ditos órgãos. Em situações extremas, a pesquisa sobre temas considerados sensíveis pode levar à prisão do pesquisador. Foi o que aconteceu com Matthew Hedges, doutorando da Universidade de Durham no Reino Unido. Durante sua pesquisa de campo nos Emirados Árabes Unidos, em 2018, ele foi preso durante cerca de seis meses, tendo sido sentenciado à prisão perpétua por espionagem. Foi libertado porque no seu caso houve forte pressão internacional. Um caso ainda mais trágico foi o do assassinato do italiano Giulio Regeni, também estudante de doutorado. Esse assassinato ocorreu no Egito em 2016, em circunstâncias ainda mal esclarecidas, durante a estadia de pesquisa que Giulio realizava em conexão com o seu doutorado na Universidade de Cambridge no Reino Unido. Na graduação, é incomum que se realize pesquisa de campo no exterior e, por isso, não serão detalhadas aqui questões relativas à potencial vigilância das atividades de pesquisa por parte de órgãos do Estado,

Métodos de pesquisa em Relações Internacionais

eventual retenção de passaporte e cuidados extras a serem tomados no armazenamento da informação.

Contudo, há zonas no Brasil que são efetivamente perigosas e, nesse sentido, deixamos um alerta em particular para as pesquisadoras que, em virtude do seu sexo, devem tomar cuidados redobrados. Efetivamente, caso se desloquem para locais onde as normas de gênero sejam bastante rígidas, e onde a presença das mulheres na esfera pública e a sua interação com homens não sejam normalizadas, as tentativas, da parte da pesquisadora, de estabelecer conversa, de pedir informações ou simplesmente de ser gentil podem ser erroneamente interpretadas como sinalizando interesse e disponibilidade para interações de caráter afetivo ou íntimo. É preciso "navegar" situações complicadas e prever tanto quanto humanamente possível a recepção das palavras e das atitudes, embora, na nossa experiência, isso seja extremamente difícil de se fazer. Importante é levar em consideração que, para além dos riscos descritos anteriormente, esse tipo de interação no campo de pesquisa pode levar ao comprometimento da reputação da pesquisadora junto à comunidade de interesse. O objetivo aqui não é o de fazer prescrições de comportamento, mas o de alertar para o potencial surgimento de situações perigosas ou dificultadoras da continuidade da pesquisa, as quais, infelizmente, são mais frequentes do que se tende a imaginar. As pesquisadoras acabam por ser mais vulneráveis a esse tipo de situação, não só porque o seu sexo as coloca numa posição mais complicada que a dos colegas do sexo masculino, mas também porque, em função de ideais restritivos de gênero, o seu trabalho pode, eventualmente, ser descredibilizado por, na visão estrita de alguns, as pesquisadoras "não conseguirem lidar com as situações no campo". Embora nos refiramos especificamente a mulheres, cuidados similares devem ser tomados por todos aqueles que decidam se deslocar para contextos perigosos e realizar pesquisa.

Cuidados prévios a ter devem incluir ler extensivamente sobre as experiências de outros acadêmicos no local. Apesar de, nos últimos anos, o número de artigos que descrevem essas experiências ter aumentado, o material publicado sobre o *background* dessas investigações não reflete a quantidade muito maior daquelas experiências que nunca são transformadas em publicações. Há vários motivos para essa situação; alguns de cunho pessoal – a pessoa não quer se expor ao falar sobre isso, por exemplo –, outros de âmbito acadêmico e/ou profissional. Em relação aos últimos, é comum o receio de que demasiada honestidade ou abertura acerca das dificuldades no campo de pesquisa possam pôr em causa anos de investimento pessoal e profissional na região, área, cidade ou zona de estudo, melindrando ou até mesmo ofendendo as pessoas que ajudaram no acesso a ela.

Contudo, mesmo que experiências assustadoras possam ser um filtro interpretativo da informação recolhida, ele nem sempre é explicitamente reconhecido e detalhado. O grau em que esses elementos devem influenciar a escrita final depende de vários fatores. De referir a metodologia escolhida para estruturar o trabalho – se um estudo de caso ou narrativa, por exemplo – e também da subárea específica em relações internacionais em que o trabalho é desenvolvido. De fato, um trabalho desenvolvido na subárea de segurança certamente terá premissas distintas daquele desenvolvido na de estudos de gênero, o que levará à escolha de informações de natureza distinta para o compor.

Acesso

Continuando com a temática da pesquisa de campo, debruçamonos agora sobre questões mais subjetivas que determinam o acesso do pesquisador à área de interesse e sua capacidade de recolher informação. Nesse sentido, apresentamos a dinâmica 'de dentro' ou 'de fora' como se referindo à perspectiva subjetiva dos informantes que, em grande medida, estabelece o modo como o pesquisador vai ser visto, recebido e ajudado. Essa visão afeta a capacidade de acesso do pesquisador, assim como as formas de interação que lhe vão ser possíveis.

Posto de maneira simples, as pessoas com quem o pesquisador interage no campo vão considerá-lo alguém de dentro do contexto, grupo ou comunidade – como seria um diplomata a estudar o Ministério das

Relações Exteriores – ou de fora – a exemplo de um civil a estudar um órgão militar. Ao longo do processo de pesquisa e com diferentes pessoas, o próprio pesquisador vai se ajustando às expectativas dos informantes para facilitar sua obtenção de informação, colocando-se mais dentro ou mais fora dos ambientes em causa. Por ser um contínuo, não existem somente duas posições, mas várias, construídas com graus diferentes de exterioridade ou interioridade. Por exemplo, uma pesquisadora brasileira realizando sua pesquisa no Brasil não necessariamente será alguém de dentro no que tange às suas situações de pesquisa. Um estudante que pesquisa o departamento de Ásia no Itamaraty não é uma pessoa de dentro, mas se, por acaso, ele foi estagiário nesse departamento, poderá ser considerado por algumas pessoas como alguém parcialmente de dentro, ocupando uma posição mais perto de dentro do que de fora no contínuo anterior. Para outras, contudo, o mesmo pesquisador pode ser sempre uma pessoa externa por não ser um diplomata.

Nesse sentido, há várias outras situações passíveis de acontecer. Por vezes, o pesquisador pode beneficiar-se de uma eventual cumplicidade criada por ter frequentado a mesma universidade que um informante. O inverso pode também acontecer caso as universidades sejam rivais. Numa outra situação em que o pesquisador entreviste um estrangeiro, pode acontecer que se este admirar o Brasil – e gostar, por exemplo, da música ou do futebol brasileiros –, ele pode demonstrar uma boa vontade especial para com as demandas da pesquisa. Em casos como esse, o informante pode colocar subjetivamente o pesquisador numa posição de dentro, isto é, considerá-lo alguém com quem se sente à vontade para conversar. Todavia, o caso inverso também é verdadeiro. O entrevistado pode projetar no pesquisador as opiniões negativas sobre o país do último e, assim, dificultar muito ou mesmo recusar a entrevista. Da mesma forma, a aparência física do pesquisador – em termos de gênero, religião, raça ou qualquer outra característica ostensiva – tanto pode ajudá-lo como prejudicá-lo em função das crenças da pessoa com quem está interagindo. Em suma, essas várias localizações são decorrentes de percepções que são contextuais, individuais, contingentes, e na

Métodos de coleta de informação

sua totalidade, imprevisíveis. Uma coisa, porém, é certa: o modo como os outros percebem e avaliam o pesquisador vai afetar, positiva ou negativamente, a capacidade dele de obter informação e, por consequência, de avançar com sua pesquisa.

Para o pesquisador, existem vantagens e desvantagens associadas aos dois posicionamentos, e aqui abordamos algumas delas. A posição 'de dentro' engloba diversos benefícios, mas estes, obviamente, *não incluem a compreensão total e absoluta do fenômeno ou do contexto que está estudando.* Por exemplo, um romeno não é necessariamente um especialista acadêmico em política externa da Romênia, da mesma forma que um argelino não o será sobre a Argélia. Em relação a esta questão sobre a nacionalidade, as vantagens advêm do fato de que um nacional terá, a princípio, mais facilidades na pesquisa do que um estrangeiro: conhece o idioma, entende a cultura e as pistas não verbais, e não tem de fazer o ajustamento cultural que é demandado de um estrangeiro. Contudo, presumir homogeneidade cultural é sempre algo problemático: um novo contexto – de emprego, de pesquisa, de cidade – sempre demanda algum tipo de ajuste e de aprendizagem das práticas em voga no local ou situação. Em países muito grandes como o Brasil, não há uma homogeneidade cultural a ponto de alguém ir de Santa Catarina para o Acre e não sentir que tem de fazer alguns ajustes culturais. Ao pesquisar como alguém 'de dentro' junto a conhecidos e/ou amigos, o pesquisador deve estar atento à manutenção do seu distanciamento crítico, para manter sob controle, por exemplo, a inclinação natural para ser mais condescendente com os amigos e mais rígido com os desconhecidos. Da mesma forma, a pesquisa a partir 'de dentro' também pode dificultar a identificação e o questionamento de práticas ou normas que o pesquisador se acostumou a encarar como corriqueiras e, às quais, portanto, não atribua a problematização devida.

À semelhança do posicionamento 'de dentro', o posicionamento 'de fora' também tem vantagens e desvantagens. Alguém 'de fora' pode ter mais dificuldades de adaptação ao contexto, mas pode também se beneficiar de uma abertura maior por parte dos participantes. Estes podem sentir-se mais à vontade em discutir temas sensíveis com uma pessoa de fora do que com alguém mais próximo cultural, pessoal ou profissionalmente, que sentem que poderá julgá-los pelas suas opiniões. Uma pessoa 'de fora' pode também conseguir atravessar as barreiras de classe social mais facilmente do que alguém 'de dentro'. O pesquisador deve, contudo, acautelar a situação de "se tornar nativo", *going native* em inglês, o que ocorre quando a imersão no contexto ou fenômeno é tal que perde o distanciamento crítico necessário à pesquisa. Isso pode surgir, por exemplo, por uma admiração grande pela cultura ou pelas pessoas com quem está contatando no campo, assim como pela formação de laços de amizade. Em si, essas questões não são problemáticas, mas podem vir a sê-lo se isso se traduzir, por exemplo, na parcialidade e na omissão de informações. Para essas situações, o exercício constante da reflexividade – de que falaremos mais adiante – é essencial para gerir estas questões que surgem ao longo da pesquisa.

OBSERVAÇÃO PARTICIPANTE E NÃO PARTICIPANTE

Comecemos pela observação propriamente dita. Trata-se de um método de coleta de informação que consiste na observação sistemática de pessoas, grupos ou eventos. É uma técnica holística em que se observam – no contexto em que ocorrem – não só as interações entre indivíduos e grupos, tais como as conversas, as ações, os comportamentos e as atitudes, mas também a forma como objetos e lugares podem induzir ou influenciar comportamentos. Por exemplo, num templo religioso, as pessoas geralmente assumem comportamentos que são considerados adequados ao lugar, como a adoção de uma postura refletiva, o silêncio e o caminhar devagar.

Para utilizar esse método é necessário, primeiro, selecionar o local de interesse – um escritório, um departamento, um instituto, um ministério – e definir o que vai ser documentado. Como foi explicitado nas seções anteriores, essa fase compreende uma série de decisões e negociações com quem tem acesso ao lugar. Especificamente, e como anteriormente discutido, a extensão e a natureza da participação do pesquisador no local dependem não só dos objetivos da pesquisa, mas também da natureza do ambiente em causa, do grau de acesso do pesquisador a ele e da qualidade dos relacionamentos mantidos com as pessoas relevantes para a obtenção e a manutenção do acesso ao campo.

Em termos práticos, a aplicação do método da observação consiste em, primeiro, começar pela descrição daquilo que é visto para formar uma ideia geral do ambiente. Segundo, finda essa observação geral, a atenção do pesquisador deve ser direcionada para dimensões consideradas relevantes para a pesquisa. Terceiro, a partir destas, afunilar ainda mais as observações para aspectos centrais (Spradley, 1980). É importante que as observações sejam extensamente documentadas. Embora a escrita tenda a ser o método primordial para a documentação do trabalho, outros métodos como o desenho ou a fotografia também podem ser relevantes, dependendo da natureza da pesquisa desenvolvida.

A aplicação do método da observação pressupõe, portanto, que o pesquisador preste atenção a uma gama ampla de eventos: tanto aos chamativos, como, por exemplo, uma discussão entre os participantes, como aos pequenos detalhes, como olhares significativos trocados entre participantes. São disso também exemplos a deferência que o participante X demonstra em relação à participante Z, apesar de a última ser hierarquicamente subordinada; a constatação de que quando Y responde a certas perguntas, fica corado, o que pode indicar que Y está mentindo. Esses são pequenos exemplos de situações aparentemente triviais, mas que depois podem se revelar importantes para a análise. De fato, muitas vezes, são essas pequenas situações que facilitam o entendimento de nuances no contexto da pesquisa.

A depender dos propósitos analíticos e também da natureza do objeto de pesquisa, a técnica da observação pode ser participante ou não participante. Como o próprio nome indica, na *observação participante* o pesquisador envolve-se nas atividades do grupo ou das pessoas que observa. Esse método é particularmente apropriado quando se pretende conhecer e/ou adquirir fluência em regras culturais ou organizacionais não escritas, e quando se busca informação sobre rotinas e rituais mundanos que, de tão usuais, raramente são reconhecidos e verbalizados em entrevistas conduzidas com participantes (Guest, Namey e Mitchell, 2017). Na utilização desse método, é necessário levar dois pontos em consideração: as eventuais mudanças que podem ser induzidas no ambiente pela mera presença do pesquisador – já que as pessoas podem comportar-se de forma diferente por estarem sendo observadas; e a extensão em que as expectativas e as ideias preconcebidas do pesquisador podem influenciar sua observação. Aqui, mais uma vez, é essencial o exercício constante da reflexividade, que será abordado mais adiante no livro.

A *observação não participante*, por outro lado, é uma técnica essencialmente quantitativa. Não requer qualquer tipo de interação e aplica-se a vários tipos de casos. São exemplos as situações em que o pesquisador pretende recolher dados, tais como descrições factuais e/ou a contagem da frequência ou da intensidade dos fenômenos; ou quando não é possível ou desejável que o pesquisador seja participante pleno, por motivos que podem estar associados a gênero, idade, profissão, entre outros. Como o próprio nome indica, o pesquisador mantém a distância e não participa diretamente nas atividades observadas. Isso significa que o pesquisador pode tanto entrar no espaço de pesquisa e proceder da forma explicitada anteriormente, como não ter qualquer contato com o contexto ou com as pessoas sob investigação, limitando-se à gravação dos fenômenos de interesse (Liu e Maitlis, 2012).

Seja ela participante, seja não participante, a observação deve cessar quando se atinge a saturação teórica, ou seja, quando o pesquisador se dá conta de que a realização de mais observações não mais acrescentará informação nova ou relevante à pesquisa. A observação pode ser, e frequentemente é, combinada com outros métodos de recolha ou produção de informação, especialmente as entrevistas, os grupos focais e a análise da literatura.

ENTREVISTAS E AMOSTRAGEM

Passemos agora à realização de entrevistas. Esse é um método extremamente comum em relações internacionais para a recolha de informação. Trata-se de uma conversa profissional, cujo objetivo é obter informação sobre a visão pessoal e/ou profissional dos entrevistados acerca do tema de pesquisa. Podem ser usadas de forma exclusiva ou conjuntamente com as técnicas da revisão de literatura, da observação – participante ou não participante – ou como parte de uma pesquisa de campo. Em geral, a utilização deste método é precedida pela composição de uma amostra de pessoas que se quer entrevistar. Isso porque, num trabalho de pesquisa, normalmente não é possível entrevistar 'todos' os membros de uma comunidade; isto é, todos os diplomatas ou todos os funcionários de uma empresa ou organização – a chamada *população*. Nesse caso forma-se uma amostra, que consiste em extrair um número de pessoas dessa população e entrevistá-las.

As amostras podem ser constituídas de maneira probabilística ou não probabilística. No caso das primeiras, as pessoas são escolhidas de forma aleatória, isto é, na prática, todas têm uma chance igual de compor a amostra; ao passo que, nas segundas, as pessoas não vão ser escolhidas ao acaso, mas de acordo com práticas que detalhamos a seguir. Se a amostragem for feita de modo não probabilístico, não é possível generalizar as conclusões para o grupo de interesse, porque não se sabe até que ponto a amostra escolhida representa as pessoas, as visões ou as experiências mais comuns entre essa população.

Em estudos qualitativos de relações internacionais, a forma de amostragem mais comum é a não probabilística. Nesse universo, existem várias maneiras de compor uma amostra, sendo as mais comuns a *de conveniência*, a *bola de neve* e a *por julgamento*. Numa *amostra de conveniência,* como o próprio nome indica, o pesquisador seleciona pessoas da forma que lhe é mais conveniente, o que geralmente significa convidar as pessoas que lhe estão mais próximas e às quais for mais fácil aceder. Por exemplo, se o pesquisador tiver sido estagiário no Ministério das Relações Exteriores e quiser fazer a sua pesquisa sobre o departamento X do último, uma amostra de conveniência seria começar com as pessoas que conheceu no estágio. Da mesma forma, se um estudante de Relações Internacionais quiser investigar as práticas de colegas de curso em jogos on-line, iniciaria a pesquisa com entrevistas a amigos, expandindo depois o círculo para os colegas e só posteriormente tentando contatar as pessoas que não conhece. Para além de questões de praticidade, a amostragem de conveniência pode ser também a forma mais eficaz de entrevistar pessoas de difícil acesso. É o caso de grupos proeminentes – por exemplo, em geral não é possível ter um grupo de embaixadores à disposição e depois selecionar aleatoriamente quais vão ser os entrevistados – ou de comunidades fechadas, a exemplo de grupos étnicos ou religiosos.

A amostragem *bola de neve* consiste em começar com alguns nomes, contatar essas pessoas e, na sequência, pedir-lhes que indiquem colegas que possam contribuir para a pesquisa. Um entrevistado vai recomendando o seguinte, e assim sucessivamente, num efeito semelhante ao de uma bola de neve. Na amostra *por julgamento,* são selecionadas as unidades de pesquisa específicas – pessoas, eventos, objetos – consideradas as mais apropriadas para responder à pergunta de pesquisa. Esse procedimento é geralmente prosseguido quando a população de interesse é muito pequena ou quando as características da população em causa – como aquela constituída por peritos, por exemplo – tornam complicada a construção de amostras probabilísticas (Schreier, 2018).

Esclarecida a problemática da amostragem, voltemo-nos agora para as diferentes maneiras de se conduzir entrevistas: presencialmente, por telefone, on-line – através de chats ou de outros meios de comunicação telemáticos – e via e-mail. Em termos de formato, as entrevistas assumem características variadas, dependendo do tipo de informação pretendida, da organização delas, do contexto em que decorrem e da disponibilidade das pessoas que se pretende entrevistar. Todas têm as suas vantagens e desvantagens. Nesse sentido, as entrevistas podem ser entendidas como ocupando um contínuo: desde aquelas caracterizadas por muito pouca interação com o entrevistado – como em questionários com perguntas estandardizadas – até as entrevistas abertas em que o entrevistado é encorajado a falar livremente. Na prática, as primeiras devem ser utilizadas caso o objetivo seja o de obter informação e fatos; e as segundas, caso se deseje explorar as experiências e as percepções dos participantes. Nessa linha, as entrevistas são usualmente categorizadas em três grandes grupos: *estruturadas, semiestruturadas* e *não estruturadas* ou abertas.

As primeiras – as *estruturadas* –, como o próprio nome indica, têm 'estrutura', ou seja, são caracterizadas por perguntas específicas para as quais se buscam respostas. A entrevista é, então, caracterizada pela adesão – tanto pelo entrevistador como pelo entrevistado – a esse grupo de perguntas previamente especificado.

O segundo tipo de entrevistas – as *semiestruturadas* – é uma combinação entre a entrevista estruturada e a aberta. As perguntas são preestabelecidas, como na estruturada, mas diferem desta na medida em que as questões podem ser alteradas ao longo da conversa – tanto em termos de acréscimo como de eliminação de informação –, à semelhança do que ocorre na entrevista aberta. As entrevistas semiestruturadas são caracterizadas pela flexibilidade no tipo, na ordem e no grau de especificidade das perguntas. Podem ser combinadas perguntas abertas com fechadas, de acordo com o andamento da entrevista, como ilustrado no quadro a seguir:

> Na prática, muitas vezes o tipo de informação que se obtém na entrevista depende muito dos interesses do entrevistado. Por vezes, ele próprio tem uma 'agenda' que lhe interessa cumprir ou uma narrativa que visa propagar. Em dada ocasião, a autora conduziu uma entrevista com o embaixador de um país que estava vivendo uma crise internacional. Esse país tinha um claro interesse em promover sua própria versão dos eventos. Apesar de a entrevista estar direcionada para temas diferentes, o entrevistado fez questão de inserir essa crise nas suas respostas às perguntas, transformando, assim, uma entrevista que de início era semiestruturada numa com características mais associadas a uma entrevista aberta.

Embora se possa começar uma entrevista com perguntas abertas, as entrevistas semiestruturadas também podem evoluir para *tal* de acordo com a disponibilidade evidenciada pelo entrevistado. Aquelas se caracterizam pela formulação de questões abertas, não direcionadas, em que os participantes podem elaborar livremente sobre os temas acerca dos quais são inquiridos, sublinhando aquilo que lhes parecer mais importante. Esse tipo de entrevistas é utilizado, basicamente, em dois exemplos de situações: quando o pesquisador tem interesse nas opiniões e nas experiências individuais dos participantes; e quando faz pesquisa exploratória, isto é, quando conhece mal a área de interesse, e os entrevistados se dispõem a traçar-lhe um panorama geral dessa área. Esta última situação tende a ocorrer em entrevistas que são realizadas com especialistas.

Na literatura, um especialista é muitas vezes designado como um informante-chave, isto é, uma pessoa que detém conhecimento específico sobre determinado tema. Os especialistas podem ser identificados através da literatura do campo e/ou com a ajuda de outros acadêmicos. Geralmente, o número de especialistas é limitado, ou, se existirem muitos, nem todos responderão a tentativas de contato. Neste tipo de entrevistas, o objetivo é obter fatos e não explorar vivências, como nas entrevistas abertas. O tipo de informação que especialistas podem oferecer é bastante amplo. De conhecimento profissional, técnico ou especializado, a processos organizacionais e procedimentos; e até mesmo conhecimento interpretativo e de *background*, podendo ajudar o pesquisador a compor uma visão geral do campo. Com participantes dispostos, é possível começar com esse tipo de entrevista e depois avançar para questões mais estruturadas, à medida que o pesquisador aprende mais sobre o tema.

Um desafio particular que sempre se coloca é o de entrevistar pessoas pertencentes às chamadas elites, isto é, pessoas que têm mais recursos e influência do que a maioria, as quais, consequentemente, exercem um alto grau de poder e influência na vida social. Apesar de a definição de elite poder variar consoante o contexto nacional, geralmente se distingue entre elites políticas – localizadas na estrutura política do país; elites culturais – com alto grau de *status* e influência nas artes e nas letras, filantropia, entre outras; e elites econômicas – que controlam grandes empresas e conglomerados no país. Essas elites não são mutuamente exclusivas; é possível pertencer a várias delas ao mesmo tempo. Entrevistas a pessoas que pertencem a elites são em geral conduzidas quando se quer entender um certo grupo – em termos de profissão, crenças ou valores, por exemplo; ou um processo nacional do qual essas pessoas participaram, como uma transição democrática (Littig, 2009).

Métodos de coleta de informação

Muitas vezes, para aceder a membros da elite, é necessário ter alguma credencial pessoal e/ou institucional, e/ou uma recomendação. As entrevistas com pessoas proeminentes não necessariamente se traduzirão em informações úteis. De fato, se elas tiverem experiência em serem entrevistadas, poderão já ter um "pacote definido" de respostas prontas e, possivelmente, bastante superficiais.

Em se tratando de entrevistas a membros de elites ou não, marcar um horário para que ela ocorra pode envolver algumas dificuldades. Os entrevistados muitas vezes expressam, já nos contatos iniciais, a sua preferência quanto ao formato que deve assumir a conversa com o pesquisador – se por e-mail ou presencialmente, por exemplo. Essas preferências devem ser acatadas pelo pesquisador.

A dinâmica da entrevista – isto é, se ela é mais fluida ou, pelo contrário, mais apressada ou pautada por silêncios desconfortáveis – é afetada por vários fatores. O primeiro é o tempo que o entrevistado alocou para o encontro – se previu pouco tempo, é provável que a entrevista decorra muito rapidamente e ele vá de forma direta ao tema da entrevista. Esse é particularmente o caso se a entrevista for concedida por obrigação – a pedido de um chefe ou de alguém a quem o entrevistado julgou não poder negar a solicitação. Exemplos desse tipo de situação são ilustrados no quadro a seguir:

A autora teve várias experiências em que as entrevistas para um dado projeto de pesquisa apenas foram concedidas porque as pessoas em causa sentiam que não podiam recusar o pedido que lhes tinha sido feito para participarem nesse projeto. Em uma ocasião, a entrevistada deixou a autora à espera durante três horas, claramente com a expectativa de que a autora se cansasse e se fosse embora. Numa outra situação, a entrevistada não permitiu a gravação da entrevista, somente a realização de notas por parte da autora. Contudo, durante a reunião tentava ler de maneira ostensiva o que a autora estava anotando. Sem grande surpresa, ambas as entrevistas foram curtas e pouco profícuas para a pesquisa.

Para além do tempo alocado, há outros fatores que podem afetar a dinâmica da entrevista, por exemplo, a simpatia que o entrevistado possa ter pelo projeto; uma eventual conexão pessoal – como ter conhecidos ou amigos em comum; um vínculo acadêmico – como ter frequentado a universidade do entrevistador; ou caso o entrevistado – um diplomata, um empresário, um político ou chefe de gabinete – tenha interesse em disseminar alguma narrativa ou ideia, e pense que a entrevista o ajudará nesse propósito. De qualquer forma, independentemente desses fatores, o entrevistador tem todo o interesse em aproveitar o tempo disponível, já que essa reunião pode ser a única oportunidade que terá para conversar com essa pessoa. Para tanto, ter preparado um bom roteiro de perguntas é essencial, e há várias considerações a ter em conta na sua elaboração. Primeiro, o roteiro deve ser tematicamente relevante, isto é, centrado nos assuntos que são efetivamente de interesse para a pesquisa. Deve também ser adequado em termos de tempo, ou seja, não deve ser grande demais a ponto de não ser possível trazer à conversa, ao longo da entrevista, a maioria dos pontos que foram previamente definidos. O roteiro deve ser levado para a entrevista, mas memorizado na medida do possível para demonstrar fluência e desembaraço. Para além da formulação das perguntas, o pesquisador deve também considerar como é que as perguntas vão ser recebidas. Se algum entrevistado for de uma cultura, nacionalidade ou religião diferentes das do pesquisador, este deve considerar como as suas perguntas podem ser recebidas. O ideal é que ele pesquise sobre o assunto e, se possível, tente dirimir as suas dúvidas junto a alguém que possa responder com propriedade.

Finda a entrevista, o pesquisador deve registar os pontos que lhe chamaram a atenção, incluindo a comunicação não verbal do entrevistado: gestos, reação e expressão facial a determinadas questões; assim como expressões de impaciência, por exemplo, suspirar ruidosamente ou bater com os dedos na mesa. O pesquisador deve pensar nos tópicos que despertaram essas respostas, já que essa reflexão vai ajudar na interpretação dos dados. Após cada entrevista, o roteiro deve ser revisto na sua totalidade, procedendo-se, se necessário, à sua alteração mediante a adição ou remoção de perguntas. O processo de formulação e avaliação das perguntas do roteiro encontra-se descrito no quadro que segue:

Métodos de coleta de informação

Como elaborar perguntas para as entrevistas

As perguntas gerais que orientam o desenho de pesquisa não devem constar no roteiro da entrevista. O que deve estar lá são questões especificamente dirigidas ao entrevistado, organizadas de forma lógica e sequencial. As perguntas iniciais devem ser mais gerais e apelativas, afunilando depois para questões mais específicas e sensíveis. Se houver a possibilidade de alguma pergunta gerar uma reação negativa, o pesquisador precisa avaliar se ela é de fato necessária, e, se sim, deve reescrevê-la até chegar a uma formulação razoavelmente neutra e gentil. As perguntas devem ser claras e repetições de temas devem ser evitadas. Não se deve direcionar o entrevistado para uma opinião que seja coincidente com a do entrevistador.

Chegando a uma versão de rascunho do roteiro, em que todos os temas que o pesquisador gostaria de abordar estão presentes, deve ser avaliado o modo como as perguntas estão construídas. Nesse sentido, é necessário avaliar todas as perguntas no seu conjunto, reescrevê-las e alterar palavras e ênfases se for preciso. Se possível, o pesquisador deve testar suas perguntas com pessoas de confiança para se assegurar de que não há margem para más interpretações. Se necessário, as perguntas devem ser reescritas, alterando palavras e ênfases de significado. Vale lembrar que, independentemente das opiniões do pesquisador sobre o(s) entrevistado(s) ou sobre o(s) tema(s) em tela, não é do interesse dele aliená-los. Afinal, o fato de ele(s) ter(em) concordado em responder às perguntas já é algo que deve ser apreciado.

Existe também uma série de considerações inerentes à logística da condução de entrevistas, desde o local, a preparação, o equipamento até a própria realização delas, como detalhamos a seguir:

Métodos de pesquisa em Relações Internacionais

Logística para a condução de entrevistas

As entrevistas devem ser conduzidas em locais sossegados e sem distrações. Muitas são realizadas no local de trabalho do entrevistado; mas se decorrerem num espaço público, o pesquisador deve chegar mais cedo para escolher um bom lugar. Não se deve concordar em conduzir reuniões em locais que considere inseguros – como determinados bairros ou lugares públicos.

A sequência habitual de uma entrevista é a seguinte: o pesquisador começa por se apresentar e ao projeto, agradecendo em seguida à pessoa pela disponibilidade para a reunião. Deve oferecer um formulário de consentimento, mas deixando claro que a pessoa pode declinar em assiná-lo. O celular deve estar no silencioso e guardado. Ainda antes de começar a entrevista propriamente dita, é muito comum que o entrevistado também demonstre interesse em conhecer o pesquisador. Isso pode se traduzir em algumas perguntas que podem ser de cunho pessoal; mas também sobre o projeto e quais os propósitos deste. É importante que o pesquisador 'se deixe entrevistar' brevemente não só para 'quebrar o gelo', mas também para estabelecer uma relação recíproca de boa vontade.

O ideal é que a entrevista seja gravada, por isso o pesquisador deve pedir sempre autorização para o fazer. Na experiência da autora, por vezes o entrevistado consentia na gravação da entrevista, mas não queria que certas partes ficassem registradas. Nesses casos, ocorreu uma de duas coisas: ou o entrevistado começava a falar muito baixo de modo a dificultar que o gravador capturasse as palavras; ou então sinalizava com a mão indicando que queria que o gravador fosse desligado. Finda a fala em causa, procedia posteriormente com outro sinal de mão para indicar que o gravador poderia ser ligado de novo.

Métodos de coleta de informação

Em situações em que o entrevistado, quando perguntado se consente na gravação da entrevista, não responder, isso significa que não concorda com a gravação da reunião. Se for esse o caso, o pesquisador deve preparar o seu bloco de notas. Este também pode ser usado para registrar impressões pessoais, mesmo nos casos em que a entrevista é gravada. Pode ocorrer também que o entrevistado tampouco se sinta confortável com o fato de o pesquisador tirar notas. Nessa circunstância, há que fazer um esforço de memória para registrar o máximo de informação possível durante a entrevista, para posteriormente escrever as notas quando esta terminar. Nesses casos, é aconselhável que essa escrita ocorra logo após a entrevista, enquanto a memória dela ainda estiver fresca.

Do ponto de vista logístico, o pesquisador deve assegurar-se com tempo de que os seus equipamentos de gravação estão funcionando, e para a entrevista deve levar, para além do celular ou gravador, carregador, microfone de lapela (se tiver), duas canetas e o já mencionado bloco de notas.

Deve iniciar as questões, demonstrar interesse nas respostas e fazer perguntas de ligação e de seguimento. Caso o pesquisador não entenda algum ponto, deve pedir ao entrevistado que o clarifique. O importante é ouvir mais do que falar e adaptar-se caso a conversa não siga a ordem prevista no roteiro. É possível que o entrevistado se desvie da pergunta para falar de temas que lhe interessem mais ou que ele ache mais importantes. Esse desvio pode fornecer informação relevante; mas se esse não for o caso, o pesquisador deve tentar insistir gentilmente em retomar suas perguntas. Antes de mudar de questão, deve construir o contexto: agradecer as informações e indicar que gostaria, na sequência, de falar sobre X. A entrevista deve ser encerrada perguntando ao entrevistado se há mais alguma coisa que ele queira acrescentar, ou se deseja falar num tópico não mencionado até o momento. Essas perguntas finais são muitas vezes capazes de estimular a obtenção de dados relevantes.

GRUPOS FOCAIS

Passemos agora para os grupos focais, uma outra maneira de recolher informação, mas desta vez a partir de um grupo de pessoas simultaneamente. Difere da entrevista de várias formas, como iremos detalhar ao longo desta seção, mas talvez a diferença principal seja a de que, na primeira, busca-se a opinião de uma só pessoa por vez.

Esse método é menos comum na disciplina de Relações Internacionais, mas tem surgido cada vez mais em publicações internacionais recentes. Consiste na formação de grupos – com participantes homogêneos ou heterogêneos entre si – e na utilização da discussão que surge dentro de cada grupo como dados de análise. O objetivo dos grupos focais não é o de gerar concordância ou dissensão entre os participantes; o que é relevante é a dinâmica da conversa entre eles, a sua linguagem e os seus modos de interação.

Essa técnica pode ser utilizada tanto na fase preliminar de um projeto de pesquisa – para distinguir temas relevantes, testar as perguntas ou mesmo identificar participantes para entrevistas posteriores – como no meio ou no final dele. Nesses casos, a realização dos grupos focais pode ajudar a aferir a validade dos métodos de análise que estão sendo utilizados e também para testar as interpretações provisórias realizadas até o momento.

A vantagem na utilização desse método é a obtenção rápida de informação de um número grande de pessoas. A desvantagem mais óbvia é que estruturar, bem como realizar uma sessão de grupo focal, costuma demandar bastante tempo e energia.

As tarefas inerentes à organização de um grupo focal são as seguintes: a definição dos critérios para o recrutamento e a seleção dos participantes; a escrita do roteiro da sessão; a organização logística do espaço físico ou virtual em que a sessão vai decorrer e a sua moderação. Se a sessão for conduzida on-line, o custo financeiro é mais baixo (ou inexistente) em relação aos grupos presenciais; e é possível recrutar participantes geograficamente dispersos. Contudo, aqui é necessário considerar o nível de literacia on-line dos participantes; a posse do equipamento necessário para participar; assim como as condições de privacidade e de confidencialidade da plataforma utilizada (Morgan e Hoffman, 2018).

Métodos de coleta de informação

Os grupos focais podem ser conduzidos de forma sincrônica ou assincrônica. No caso da primeira forma – a sincrônica –, podem ser utilizadas plataformas como o Google Meet, Zoom, entre outras. Quando se realiza o grupo focal apenas via chat, podem-se usar serviços como o MSN, AIM Pidgin e Windows Live. Se a qualidade da conexão permitir, o vídeo possibilita que os participantes se vejam mutuamente, o que, para efeitos de análise, torna possível a associação de expressões faciais ao que é dito. O chat tem a vantagem de facilitar a participação dos mais tímidos, mas pode também gerar confusão na sequência da conversa, particularmente se houver participantes mais engajados e que escrevam mais rápido.

No segundo formato – o assincrônico –, os participantes podem se ligar em qualquer horário. Esse grupo focal pode ser conduzido utilizando listas de e-mails (listserv), Google Groups, fóruns, entre outros meios. As linhas de discussão são iniciadas pelo moderador e aos participantes é pedido que respondam a perguntas específicas e que deem *feedback* às respostas dos outros. Esta última dinâmica permite que os participantes tenham tempo para refletir acerca das suas respostas (Smithson, 2008).

Tantos nos grupos presenciais como nos on-line, a seleção de participantes pode ser feita através de diversas formas, não mutuamente exclusivas entre si. Possibilidades incluem chamadas por participantes via e-mail, por listas profissionais ou temáticas ou através das redes sociais; recomendações de amigos e/ou colegas ou por amostragem. Relativamente a esta última, sugerimos que consulte a seção "Entrevistas e amostragem" para explicações sobre como constituir uma amostra.

A escolha dos participantes deve ser realizada o mais cedo possível, pois pode ser difícil juntar muitas pessoas no mesmo lugar simultaneamente, mesmo quando este último é um ambiente virtual. São preferíveis grupos pequenos – de cinco a dez pessoas – a grandes, pela maior facilidade de gestão. O pesquisador pode optar por participantes com características semelhantes entre si – por exemplo, todos estudantes de Relações Internacionais – ou diferentes, como estudantes de Engenharia Mecatrônica e de Relações Internacionais. No primeiro caso, o grupo é homogêneo, no segundo, heterogêneo. Na literatura, há geralmente uma preferência pelo primeiro porque o objetivo central é que as pessoas conversem e partilhem experiências, o que tende a ser mais fácil entre pessoas com características comuns. Formar grupos com participantes heterogêneos é útil quando se pretende explorar visões diferentes; contudo, alguma homogeneidade é desejável de modo a que a discussão seja produtiva e se evitem conflitos desnecessários. O pesquisador deve também estar ciente de assimetrias de poder entre os participantes. No exemplo citado – sobre estudantes de Relações Internacionais e de Engenharia Mecatrônica –, os calouros podem sentir-se inibidos na presença de veteranos. Ainda utilizando esse exemplo, dentro dos grupos escolhidos, pode também ser feita uma segmentação em duas ou mais categorias, como entre estudantes de primeiro e de terceiro ano. A segmentação pode aumentar o grau de conforto entre os participantes e permitir a realização de comparações com base nas distinções entre os grupos.

A organização logística dos grupos focais conduzidos presencialmente é um pouco mais trabalhosa. É preciso selecionar um local adequado para sua realização, onde os participantes consigam chegar com facilidade e se sintam confortáveis. Para além da preparação do local, é necessário realizar uma série de tarefas, entre elas organizar o equipamento de gravação e redigir etiquetas com os nomes de cada participante. É preciso também preparar os materiais destinados a estimular a discussão entre os participantes – como quadrinhos, exercícios, imagens, clips ou vinhetas (estas serão explicadas a seguir) –, e produzir uma página com as regras de conduta a seguir durante a sessão. Entre elas, podem constar a obrigatoriedade de desligar celulares, a discussão e a dissensão respeitosas, as orientações para entradas na sessão e saídas dela. Ainda em termos da documentação necessária, é preciso igualmente elaborar formulários de consentimento para cada participante e escrever um roteiro temático para discussão. Este deve consistir em cerca de 10 a 20 questões orientadoras. Deve ser levado em conta que as questões têm de suscitar interesse suficiente entre os participantes, a ponto de eles se sentirem estimulados a conversarem sobre elas.

Por fim, o pesquisador, atuando como moderador, deve decidir qual é o estilo de moderação que vai ser adotado na sessão. Os estilos podem ser vários, dependendo dos objetivos de pesquisa. Caso possua uma agenda de investigação bem definida, o pesquisador deve assumir uma postura ativa, direcionando a discussão. Um estilo mais passivo é adequado a sessões exploratórias, em que o pesquisador tem interesse em ouvir o maior número possível de participantes. Durante a sessão, é importante escutar, estimular o debate sem julgar, sempre prestando atenção às dinâmicas do grupo, tanto as hierárquicas como as de silêncio. No final, o moderador deve refletir sobre a sessão, anotando os pontos importantes e aqueles a melhorar na condução das sessões. No caso de o moderador ter condições – de tempo, financeiras, de disponibilidade de participantes, entre outras – para realizar mais do que um grupo focal, ele deve rever o roteiro depois da primeira sessão e fazer as adaptações que se aparentem necessárias, tais como a eliminação ou reformulação de perguntas, eliminações ou acréscimos temáticos, assim como alterações de ênfase sobre certos temas ou palavras.

QUESTIONÁRIOS

Os questionários são um outro método extremamente popular em relações internacionais para a recolha de informação. Referem-se ao conjunto de ações utilizadas para recolher dados de forma sistematizada de indivíduos, de organizações ou de outras unidades de interesse. Esse método oferece, pois, uma forma estandardizada de coleta de dados quantitativos e qualitativos. Em termos de operacionalização, os questionários podem ser realizados em papel, e nesse caso a sua aplicação pode ser tanto presencial como pelos correios. Aqui, neste último caso, é importante que sejam providenciados o endereço de retorno e a data limite em que a devolução deve ser feita. Os questionários podem também ser administrados pelo telefone; ou on-line, mediante a utilização de serviços como o Surveymonkey ou o Google Forms.

Os questionários devem ser bem desenhados, tendo em vista a informação que se pretende obter com eles. Por isso, é importante que os tópicos a explorar e os objetivos a alcançar com o questionário estejam bem definidos previamente. Quando se elabora um questionário, existem várias decisões a serem tomadas. A primeira delas é o tipo de perguntas que vai ser utilizado, se vão ser abertas ou fechadas. Por exemplo, as perguntas abertas são úteis quando o pesquisador está interessado na opinião, nas motivações ou nas impressões do entrevistado, já que permitem flexibilidade na resposta e a exploração de temas que eventualmente não estejam contemplados nas perguntas. As perguntas fechadas, por outro lado, destinam-se à recolha de informações específicas, como preferências, datas e fatos objetivos. Esse tipo de perguntas oferece uma escolha de opções pré-selecionadas, tais como: respostas sim ou não; de escolha múltipla; ou perguntas que requeiram o ranqueamento de preferências, como 'muito satisfeito', 'satisfeito' ou 'nada satisfeito', entre outras opções possíveis. No caso de perguntas fechadas, é importante colocar a opção 'Não se aplica' a perguntas que demandem respostas sim/não ou de escolha múltipla. Essas são questões, obviamente, mais simples de administrar e mais fáceis para os participantes completarem. São também mais rápidas em termos de processamento e análise.

Os questionários podem ser combinados de maneira bastante eficaz com outros métodos. Por exemplo, o uso inicial de um questionário fechado permite gerar um entendimento geral do tema sob investigação, ajudando na identificação de tópicos que mereçam uma investigação mais aprofundada. Pode também auxiliar na identificação de participantes que possam estar dispostos a preencher questionários mais extensos, ou mesmos disponíveis para realizar entrevistas. Da mesma forma que o questionário pode ser usado como um precursor para a potencial realização de entrevistas, o oposto também é verdadeiro. Um questionário pode ser utilizado para confirmar os resultados de entrevistas que tenham sido conduzidas junto a grupos pequenos, com o objetivo de estender a pesquisa a uma amostra mais ampla e representativa. O questionário deve ser organizado da seguinte forma: o título deve ser colocado no topo da primeira página, seguido de um parágrafo introduzindo a pesquisa que está sendo realizada, bem como os seus objetivos. Deve também identificar o pesquisador e as fontes de financiamento, se existirem. Nesse mesmo parágrafo, é necessário requisitar a cooperação da pessoa, indicar o grau de anonimização das respostas – sugerimos aqui a consulta da seção "Transcrição e confidencialidade" – e identificar os benefícios de responder ao questionário, caso existam. Deve ser incluída também a informação profissional de contato. No final do questionário, deve-se colocar um parágrafo de agradecimento aos informantes pela sua participação.

Quanto às perguntas, elas seguem-se ao parágrafo informativo inicial. Deve-se começar o questionário com questões fáceis, interessantes, amplas e relacionadas com os objetivos gerais do estudo. Só depois se deve afunilar para perguntas mais específicas. Caso o pesquisador tenha perguntas que incidam sobre temas sensíveis, elas devem ser introduzidas gradualmente, depois de outras menos complicadas já terem sido respondidas. Nesse sentido, é importante também que seja levado em consideração o contexto, isto é, que as perguntas estejam organizadas por tema, e que a ordem delas, por si só, não induza a certos tipos de resposta. Na formulação das questões, deve ser evitada a combinação de duas perguntas numa, assim como questões que dirijam a resposta. Não devem ser usados muitos tipos diferentes de perguntas – combinando, por exemplo, umas de ranqueamento de preferências, outras de escolha múltipla e, ainda, outras abertas –, pois isso demanda tempo e esforço do respondente para se adaptar a muitos tipos distintos de questões. Pode também gerar cansaço e desânimo em responder ao questionário. Muitas dos desafios associados à formulação de perguntas para questionários são semelhantes àqueles que surgem na elaboração de perguntas para entrevistas. Recomendamos, portanto, que (re)leia essa seção para informações mais detalhadas sobre o tema.

O desenho de um questionário não é um processo linear, e caso o pesquisador tenha a oportunidade de testar as perguntas com pessoas de confiança, deve aproveitá-la para confirmar que não existem instâncias de má compreensão. As perguntas devem ser claras e específicas, assim como aplicáveis a todas as pessoas que forem responder ao questionário. Ao formulá-las, é importante que o pesquisador evite jargão, linguagem complicada e termos técnicos. Por isso mesmo, as perguntas devem ser curtas, com o mínimo de ambiguidade possível para evitar más interpretações. A seção final do questionário deve oferecer a oportunidade ao informante de colocar comentários adicionais, caso o deseje.

VINHETAS

As vinhetas são um método de coleta de informação que pode ser utilizado em entrevistas, em questionários e em grupos focais. Trata-se de uma técnica altamente versátil que consiste na apresentação, a um entrevistado/participante ou a um grupo de pessoas, de um material que pode assumir diversos formatos, e que é desenhado com a função de estimular a reação do(s) primeiro(s). As vinhetas podem assumir um formato escrito, de áudio ou visual. Se em formato escrito, podem consistir em extratos da imprensa ou em pequenos cenários, que tanto podem ter sido extraídos da literatura acadêmica como não. Se consistirem em um formato de áudio, podem se traduzir em histórias orais, sons ou música. Por último, as vinhetas visuais podem incluir fotografias, pinturas, desenhos, histórias em quadrinhos, páginas de internet interativas, pequenos filmes e documentários. As vinhetas mostram, portanto, de forma seletiva, um fenômeno ou tema de interesse, ao qual os participantes são convidados a responder ou a comentá-lo. O conteúdo das vinhetas tanto pode refletir as experiências dos participantes como descrever situações reais ou cenários hipotéticos. A escolha depende do tipo de informação que o pesquisador estiver interessado em recolher.

Elas podem ser usadas para alcançar três tipos de objetivos: primeiro, permitir a exploração de determinadas ações, falas ou omissões no seu contexto específico; segundo, para clarificar as opiniões dos entrevistados ou participantes; e terceiro, para oferecer uma forma menos pessoal e menos 'ameaçadora' de explorar temas sensíveis sobre os quais o entrevistado ou participante(s) não queira(m) se comprometer. Nesse sentido, as vinhetas oferecem, portanto, pontos de entrada para a discussão de situações complexas, questões essas que podem inclusive ser de tal forma rotinizadas que o(s) participantes(s) não lhes atribui(em) particular importância. Se for esse o caso, com a ajuda do pesquisador, essa situação pode ser delimitada, selecionada, enfatizada e apresentada ao entrevistado/participante para discussão.

Um exemplo de um tema sensível que poderia ser explorado de forma profícua com o uso de vinhetas é o citado por Laura Delamonica na sua dissertação sobre mulheres diplomatas brasileiras. Ela informa que, quando entrevistadas, algumas diplomatas citaram como desafio laboral o fato de lhes ser pedido que fizessem café quando essa não era a sua função, e havendo pessoas contratadas para tal (Delamonica, 2014: 39). Portanto, nessa situação, e em outras semelhantes, a vinheta serve para viabilizar o acesso do pesquisador a temas sensíveis mediante a criação de 'distância' entre o cenário descrito na vinheta e o participante. Retomando esse exemplo, em vez de perguntar diretamente a uma diplomata se ela alguma vez passou por essa situação, poder-se-ia produzir uma vinheta que descrevesse uma situação em que uma profissional passa pela circunstância apresentada, podendo-se perguntar, em seguida, de que forma a diplomata entrevistada reagiria se confrontada com aquele contexto.

Como evidenciado antes, as vinhetas são particularmente úteis na exploração de percepções, visões, atitudes e comportamentos não só das pessoas envolvidas na pesquisa, mas eventualmente – e de forma mais secundária – dos seus pares também. Nesse sentido, podem da mesma forma ser utilizadas para aferir percepções e opiniões de diferentes grupos para uma mesma situação. Seria o caso da utilização de vinhetas em grupos focais.

Em termos de delimitação e construção das vinhetas, as histórias ou situações por elas representadas devem ser elaboradas e descritas de maneira compreensível para o(s) participante(s). Isso significa que os cenários descritos não devem ser muito complexos e que as histórias devem ser internamente consistentes com um alto grau de plausibilidade. Além disso, as vinhetas, pela sua natureza indireta, permitem explorar experiências de uma forma que não requer que os participantes revelem informações sensíveis ou exponham explicitamente as suas próprias opiniões. Como elas projetam cenários que, como já dito, podem ser de natureza hipotética ou não, pedindo-se, em seguida, a opinião do entrevistado ou participante, elas acabam por estimular os participantes a falar sobre temas sensíveis, sem receio de autoincriminação ou de julgamento social negativo.

O tipo de vinheta a ser usado depende dos objetivos de pesquisa, da natureza dos temas e dos participantes envolvidos. Por exemplo, se utilizadas em entrevistas, as vinhetas podem consistir numa ideia ou num pequeno excerto de outra entrevista (dentro dos limites da confidencialidade estipulados para a pesquisa) que o pesquisador considere particularmente relevante e que tenha interesse em que outros comentem. Como referido, as vinhetas são úteis sobretudo em situações em que o pesquisador deseje recolher informação sobre comportamentos ou atitudes que são sensíveis e difíceis de observar diretamente, como, por exemplo, instâncias de discriminação. Nesse sentido, o participante pode se sentir mais à vontade em comentar situações sobre as quais não tenha conhecimento direto, ou temas sobre os quais não queira assumir uma postura mais assertiva.

As vinhetas podem também ser utilizadas em grupos focais para estimular a discussão entre os participantes sobre, por exemplo, atitudes que poderiam ser tomadas no contexto da sua profissão em resposta a um cenário (semi-)hipotético. Os participantes podem oferecer a sua própria interpretação pessoal, explorar escolhas e as suas consequências, ou responder de forma indireta a partir da perspectiva geral do seu grupo profissional. Em suma, as perguntas de vinhetas são particularmente úteis para abordar conceitos complexos ou de difícil articulação, que podem ser mais bem descritos através de exemplos.

Como é o pesquisador que decide qual o tipo de informação de que necessita, a construção das vinhetas é adaptada a essa necessidade. Por esse motivo, ele deve ter bem claro qual o tipo de informação em que está interessado e desenvolver o conteúdo das vinhetas em conformidade. De fato, os cenários desenvolvidos – particularmente se forem hipotéticos – devem ser suficientemente credíveis para que o participante se sinta à vontade para dar o tipo de resposta em que o investigador está interessado. Isso pressupõe um grau elevado de conhecimento do contexto por parte do pesquisador.

Métodos para a análise da informação

Neste capítulo, debruçamo-nos sobre alguns dos métodos que podem ser utilizados para analisar os dados recolhidos. Começamos com a transcrição, que apenas é aplicável a entrevistas e a grupos focais. Os três tipos de transcrição que vão ser abordados aqui são a ortográfica, a jeffersoniana e a essencial. Também são abordadas questões de confidencialidade, assim como os passos que devem ser tomados para garantir a anonimização das entrevistas realizadas. Na sequência, é explicado o método da codificação, que é uma das maneiras mais versáteis de gerar dados; a análise de discurso e o *process tracing*, ambos bastante populares em relações internacionais. Seguem-se dois métodos que também utilizam a codificação, mas de forma diferente: a análise de conteúdo, na sua vertente qualitativa – sendo que a abordagem interpretativa da primeira não utiliza a codificação –, e a análise temática. Termina-se o capítulo com a pesquisa histórica.

TRANSCRIÇÃO E CONFIDENCIALIDADE

Como mencionamos no capítulo anterior, geralmente tanto as entrevistas como os grupos focais são gravados. A exceção são aquelas entrevistas em que a pessoa não autoriza a gravação do encontro e o pesquisador precisa tomar notas por escrito (para mais detalhes sobre como conduzir uma entrevista, e como lidar com estas questões, sugerimos a consulta da seção com o mesmo nome). No contexto de uma entrevista ou de um grupo focal, tanto as notas escritas como o áudio produzido devem ser transcritos o mais rapidamente possível depois da realização de reuniões ou encontros, enquanto as ideias ainda estão 'frescas' na memória do pesquisador, de modo a conseguir associar nuances e contexto às falas escritas ou gravadas. Transcrever parece, à primeira vista, uma tarefa simples – apenas escrever o que se ouve, no caso de áudio ou vídeo, ou escrever o que se lê, no caso de notas. Isso, no entanto, não é verdade. Na realidade, a transcrição é o primeiro passo na análise dos dados. Isso é assim porque a informação, tal como foi transmitida durante a entrevista ou sessão de grupo focal – imersa no seu contexto próprio, com as suas pausas, nuances e comunicações não verbais – carrega uma riqueza de detalhes que não é capturada por um gravador. O áudio, portanto, deve ser entendido como uma representação parcial do que ocorreu na entrevista (Paulus, Lester e Dempster, 2015). Assim, o pesquisador deve complementar as gravações com as notas que escreveu durante e após a entrevista ou grupo focal. As notas vão ajudar a relembrar o contexto, os sinais não verbais que acompanharam certas declarações, assim como outras pistas que podem auxiliar na interpretação dos dados. Nesse sentido, a primeira decisão a ser tomada é o que transcrever. Esse processo será sempre lento, pois é necessário parar e ouvir a mesma passagem várias vezes para garantir que foi compreendida adequadamente.

Os três estilos de transcrição mais comuns que serão abordados a seguir são a transcrição ortográfica, a jeffersoniana e a que traduzimos livremente como "essencial" – do inglês *gisted* (Paulus, Lester e Dempster, 2015). Nas transcrições ortográficas ou *verbatim* – que é a forma mais comum –, transcreve-se não só tudo o que foi dito, como também a forma como foi transmitido, incluindo pausas, hesitações, repetições e até mesmo o riso ou o choro. O texto deve refletir

Métodos para a análise da informação

a entrevista da forma mais clara e completa possível, sem correções, mudanças e omissões. Caso o entrevistado tenha utilizado gírias ou expressões coloquiais, elas não devem ser alteradas, pois a edição de dados altera a informação obtida.

A transcrição jeffersoniana é a mais completa. Para além do citado anteriormente, também são incluídas informações como a velocidade do discurso, o seu volume, assim como palavras sobrepostas. Esse tipo de transcrição deve ser feito em rondas, cada uma delas centrada em aspectos diferentes. Por exemplo, uma ronda pode enfocar somente as pausas; uma outra, só as interrupções, e assim sucessivamente. Esse tipo de transcrição oferece uma notação que também deve ser utiliza-da. Por exemplo, para indicar que o discurso ficou mais rápido deve ser usado o símbolo > <; para indicar o contrário, que o discurso ficou mais lento, deve-se usar as setas em sentido contrário < >; o símbolo ( ) indica que as palavras são imperceptíveis, e assim sucessivamente (University of Leicester, s.d.). O terceiro tipo de transcrição, a essen-cial, concentra-se apenas naquilo que é dito e apresenta duas varia-ções: a condensada e a de essência. No caso da primeira, são omitidas partes consideradas irrelevantes para a pesquisa através do símbolo: (..); na segunda, a de essência, é feita a paráfrase das falas, depurando-se delas as informações buscadas ou "traduzindo" o sentido das falas dos participantes, sem grande preocupação em reproduzi-las tal como foram proferidas e gravadas.

A transcrição é, em si própria, um processo moroso, e a velocida-de com que o pesquisador a consegue realizar depende não só da sua capacidade pessoal em trabalhar sem interrupções e distrações, mas também de fatores inerentes à qualidade da gravação. Referimo-nos à existência ou não de barulhos externos que possam ter sido captu-rados pelo gravador; ao modo de falar dos participantes – desde o vo-lume da voz, a velocidade da fala, até a inteligibilidade do sotaque –; assim como à existência ou não de falas sobrepostas. O processo demanda concentração e atenção, porque eventuais pequenos er-ros de compreensão ou de digitação podem alterar radicalmente o significado dos dados e das falas. O pesquisador deve instituir um sistema de notação para si mesmo – como os símbolos (…) ou "…" para sinalizar pausas – desde o início do processo e utilizá-lo de maneira consistente em todas as suas transcrições.

O processo de transcrição pode ser acelerado quando se tem acesso a softwares e a equipamentos de suporte. Estes incluem um pedal que se liga ao computador e que permite pausar, avançar ou recuar a gravação com o movimento do pé, deixando as mãos livres para escrever. Existem também sites, tanto gratuitos como pagos, onde pode ser carregado o áudio da entrevista ou do grupo focal, e receber a transcrição dele por e-mail. No momento da escrita, há alguns sites em que se podem transcrever alguns minutos de áudio para o formato texto de forma gratuita, tais como o Happy Scribe, o Transkriptor e o serviço Cloud Speech-to-text da Google.

Na transcrição e, depois, na análise de informação obtida mediante entrevistas e sessões de grupos focais, é muito importante atentar para questões ligadas à confidencialidade e à anonimização dos testemunhos. Garantir a confidencialidade da informação obtida numa pesquisa significa que não vão ser divulgadas informações acerca dos participantes nem daquilo que eles disseram. Nem todas as entrevistas se atêm a questões de confidencialidade, mas o fato é que, em muitas situações sensíveis, é preciso cuidar para não seja possível identificar um participante que tenha feito, em confidência, declarações que lhe possam causar embaraço pessoal, perseguições políticas ou religiosas, ou mesmo violência física. Esse é um processo que levanta várias e sérias questões éticas sobre o que escrever ou não, e se sim, qual a extensão da divulgação. Há, de fato, um equilíbrio a alcançar e a preservar entre a descrição extensa do que foi encontrado e o tornar público dados que possam identificar as pessoas envolvidas. Detalhes aparentemente insignificantes, como a idade, a raça ou o gênero, podem facilitar a identificação de um participante e desencadear consequências de gravidade variável.

Para iniciar o processo de confidencialização e potencial anonimização, é necessário que seja perguntado ao participante, logo no início da entrevista, se a pessoa quer que o seu nome seja omitido. Ela pode desejá-lo por vários motivos, desde a sensibilidade do material até comentários que possa vir a fazer sobre outras pessoas, ou mesmo desejo de proteger sua própria privacidade. Contudo, o oposto pode também ocorrer; por vezes as pessoas concordam com entrevistas precisamente porque têm a expectativa de serem citadas. Nesse sentido, deve ser facultado um formulário de consentimento a cada participante, cujo texto especifique o seu grau de concordância com a utilização da informação obtida. É importante que o entrevistado tenha sempre a escolha de estipular as suas preferências.

Existem várias formas de escrever esse formulário, mas nós sugerimos que contenha sempre as opções a seguir para escolha pelo entrevistado:

(I)   usar os dados tal como foram recolhidos;
(II)   omitir nome e/ou detalhes pessoais;
(III)   ser contatado antes da publicação para autorização de uso dos dados. Neste caso, o informante deve fornecer o meio pelo qual deseja ser contatado.

Nenhuma dessas opções é excludente de outras, e a pessoa pode optar, por exemplo, pela I e III, isto é, permitir o uso da informação tal como foi coletada, sem anonimização, mas autorizar o modo como ela será divulgada. O formulário deverá ser assinado pelo pesquisador e pelo entrevistado. Em vários contextos, as pessoas consentem na entrevista e no uso da informação, mas preferem não assinar documentos. Essa recusa pode ser, ela própria, uma parte importante da análise, caso a pesquisa decorra em um contexto fechado, isto é, perigoso e/ou autoritário. Os entrevistados podem também não expressar qualquer preferência em termos de anonimização. Se couber ao pesquisador essa escolha, o quadro a seguir detalha um formato possível para subsidiar essa tomada de decisão.

Se os entrevistados não expressarem preferências sobre anonimização...

Caso o pesquisador se depare com essa situação, e os entrevistados não expressarem opinião acerca da omissão ou não do seu nome e de informações pessoais, e seja do primeiro a decisão, aconselhamos o seguinte exercício: o de olhar para os trabalhos que compõem a revisão de literatura e verificar se, em trabalhos anonimizados, é possível identificar com facilidade os participantes. Isso só poderá ser feito se já se tiver um conhecimento razoável do campo. Caso o pesquisador consiga identificá-los, anonimizar será a melhor opção. O pesquisador deve levar em conta também que, caso estude sociedades que não a sua, poderá ser-lhe difícil identificar o que pode ser considerado embaraçoso, precisamente por não dominar as regras sociais. Se essa preocupação existir, é melhor anonimizar. Mais vale fazê-lo em excesso, do que errar pela falta, em benefício da proteção daqueles que colaboraram com a pesquisa, como será mais bem detalhado na seção "Ética, reflexividade e posicionalidade".

As entrevistas devem ser citadas da seguinte forma: nome, cidade, data. É possível anonimizar qualquer um desses dados como se demonstra a seguir. Na sequência, portanto, apresentamos vários graus possíveis de anonimização, desde a omissão ou a alteração de alguns dados pessoais até a dissolução total da voz individual no corpo do texto. Comecemos com um exemplo em que o informante é totalmente identificado numa obra científica, como a seguir: "Mohammed al-Hayki, Embaixador do Qatar em Brasília, Brasília, 6 Outubro 2017" (Carvalho Pinto, 2019: 90-105). Neste caso, o entrevistado não expressou qualquer desejo de anonimizar as suas palavras. Pelo contrário, pela sua posição profissional, o seu desejo era, precisamente, o de ser citado. Contudo, em casos em que a pessoa entrevistada pede para que o seu nome seja omitido, ou o pesquisador tome essa decisão em virtude da sensibilidade da informação comunicada, existem várias outras camadas de anonimização que podem ser aplicadas. Por exemplo, na publicação supracitada, é feita uma referência a outra entrevista, em que é omitido o nome da pessoa entrevistada, como

Métodos para a análise da informação

ilustrado a seguir: "Diplomata Brasileiro A, Brasília, 4 de Outubro de 2017". Dependendo da sensibilidade do tema e do quanto as pessoas entrevistadas decidam proteger a sua privacidade, a informação pode ser ainda mais anonimizada. No livro escrito pela autora em 2012, intitulado *Nation-Building, State and the Genderframing of Women's Rights in the United Arab Emirates (1971-2009)*, foi feita a opção pelo seguinte formato, traduzido do inglês: entrevista pessoal, localização, data (dd/mm/ano). Como é aparente aqui, foram omitidos o nome e a profissão do entrevistado, de modo a minimizar o máximo possível as chances de identificação. Em casos em que era necessária uma anonimização mais extensa, foi utilizada a seguinte configuração: entrevista pessoal, localização (país em vez da cidade) e o ano (em vez da data completa). A decisão sobre o grau de anonimização a ser adotado na transcrição e na análise de entrevistas depende muito da avaliação pessoal do pesquisador, do grau de privacidade das informações que o entrevistado quiser manter e, também, da natureza do tema de pesquisa. Por vezes, pode surgir a situação em que o entrevistado revele algum dado, de cuja menção se arrependa quase imediatamente, e peça ao pesquisador para não mencionar essa informação. O quadro a seguir oferece sugestões de como lidar com essa situação dos pontos de vista ético e prático.

Caso o pesquisador não queira se referir especificamente à pessoa, mas sim ao grupo a que ela pertence – profissional, organizacional, de escalão –, ele pode fazer uma caracterização geral da amostra e atribuir números a cada entrevista. Pode optar por escrever a palavra "Entrevista" por extenso ou utilizar somente a letra 'E', seguida do número atribuído à pessoa. Constariam, assim, como: E1, E2,..., E16,..., E39..., e assim por diante. Quando duas pessoas oferecessem a mesma informação, apareceriam juntas como a seguir: (E2; E7) e (E4; E15).

O dilema ético das informações transmitidas em confidência...

Durante a condução de uma entrevista, o entrevistado pode contar algo extremamente interessante ao pesquisador, mas, imediatamente a seguir, pedir-lhe para não utilizar ou repassar a informação. Haveria duas dimensões associadas a essa situação. A primeira diz respeito à questão ética a resolver: se o pesquisador deve fazer aquilo que seria melhor para si próprio e para o seu trabalho, isto é, usar a informação; ou, por contraste, aceder ao que lhe pede o entrevistado, isto é, não a utilizar. A resposta certa a esse dilema ético é a segunda opção. O pesquisador tem a obrigação de proteger os dados das pessoas com quem conversa; e os desejos destas devem prevalecer sobre os seus interesses acadêmicos e profissionais. Além disso, se o pesquisador utilizar essa informação, isto é, fizer um uso não ético dela, isso comprometerá a sua reputação como investigador e pessoa de confiança. Esse é particularmente o caso se o pesquisador estiver entrevistando pessoas dentro de comunidades, como uma empresa, um departamento, um movimento social, uma organização ou outras. Nesses casos, a (falta de) reputação do pesquisador pode ser motivo de conversa e isso pode dificultar-lhe o acesso a mais entrevistados. É evidente que tal percepção negativa comprometerá enormemente o seu trabalho presente e futuro.

A segunda dimensão dessa situação hipotética que importa considerar é a avaliação do quão relevante era essa informação para o trabalho. Nesse caso, recomendamos que o pesquisador volte à pergunta de pesquisa e reflita sobre se esses dados eram realmente importantes. Muitas vezes poderá chegará à conclusão de que, apesar de interessante, essa informação não é particularmente central e acabaria por residir num parágrafo ou numa nota de rodapé. Se for essa a conclusão, o assunto está encerrado. Se, pelo contrário, o pesquisador concluir que aquilo que lhe disse o entrevistado é realmente importante para responder à pergunta, sugerimos procurar essa informação por outros meios, como documentos ou mesmo pela condução de outras entrevistas. Adicionalmente, o pesquisador pode também pedir ao entrevistado que o direcione para outras fontes onde possa obter essa mesma informação.

Depois de concluída a análise das entrevistas e a redação do trabalho, o pesquisador deve rever o seu texto para garantir que não existem discrepâncias na anonimização (por exemplo, que não atribuiu a opinião de uma pessoa a outra). Por isso mesmo, é importante ter uma notação uniforme que se aplique não só à transcrição, como também à anonimização. Devem ser indicadas todas as informações omitidas ou anonimizadas no trabalho para que seja possível voltar a elas sempre que for necessário.

Caso o pesquisador tenha um trabalho em que apenas parte das entrevistas se prestam à anonimização, ele pode decidir por anonimizar todas por uma questão de consistência, mas pode também fazê-lo em graus distintos conforme a necessidade. Se for preciso anonimizar bastante no trabalho, é ideal que sejam consultados trabalhos que não se limitem à área geográfica e disciplinar de análise. Artigos e livros que incidem sobre temas da região do Oriente Médio ou das ex-repúblicas soviéticas, por exemplo, são geralmente caracterizados por uma anonimização extensiva das fontes e podem, portanto, oferecer indicações úteis para o trabalho em tela. Dado o exposto até o momento, tornam-se aparentes não só a íntima associação entre a anonimização e a confidencialidade dos dados, como também da sua importância em um trabalho acadêmico.

CODIFICAÇÃO

A codificação é um método que pode ser aplicado a um número variado de fontes, tanto as primárias quanto as secundárias e as cinzentas. As informações podem, portanto, ser retiradas de diferentes fontes, como livros, artigos, entrevistas transcritas, documentos oficiais, entre vários outros. A codificação pode ser usada de maneira exclusiva como método principal de análise da informação, ou como parte de outros, por exemplo, a análise de conteúdo e a análise temática. Trata-se de um dos meios mais comuns, versáteis e sistemáticos para produzir dados a partir da informação recolhida.

Codificar consiste em marcar – sublinhando, colorindo, circulando ou assinalando – palavras, expressões ou frases de interesse, para em

Métodos de pesquisa em Relações Internacionais

seguida juntá-las e condensá-las sob a égide de uma palavra ou frase curta – um código –, cuja nomenclatura capture a essência desses pedaços de informação. Os códigos podem ser compostos tanto por informação qualitativa – baseada em palavras –, como por informação quantitativa – baseada em números. Uma tabela composta de números, tais como dados de exportação de bens de um país para outro, por exemplo, pode ser codificada da mesma forma que um texto – isto é, sublinhando-se e marcando-se a informação de interesse e atribuindo-lhe um código. Esse dado pode refletir, por exemplo, desequilíbrio comercial, e ser essa expressão o código utilizado para a tabela em causa. Um código pode ser um nome, uma categoria, um conceito ou uma ideia teórica. Em suma, a codificação consiste em olhar para os dados das diferentes fontes, marcar as ideias e os pontos de interesse em cada uma delas, retirar a informação que é de interesse para a pesquisa e, posteriormente, 'rearranjá-la' e 'reagrupá-la' de acordo com o que está sendo investigado. Por exemplo, num estudo sobre democracia e emoções, podem aparecer, tanto em fontes primárias como secundárias, expressões e ideias que denotem conceitos como cidadania, liberdade, direito – entre outros – os quais podem servir como códigos para o trabalho.

O processo de codificação pode ser feito manualmente em versões impressas ou digitais dos documentos, com o auxílio de marca-textos e da função de seleção do processador de texto do computador, respectivamente. Também é possível codificar utilizando um software de análise qualitativa. Uma breve descrição dele, assim como de um elenco dos softwares mais comuns, está disponível no Apêndice deste livro.

A codificação pode ser feita de forma dedutiva, indutiva ou através de uma combinação de ambas. Na dedutiva, começa-se pela análise do material empírico – os discursos oficiais, a literatura secundária, as entrevistas transcritas, entre outros –, com uma lista inicial de códigos considerados potencialmente relevantes. Estes tanto podem ter sido retirados e selecionados da revisão de literatura como também podem ser conceitos que o pesquisador queira investigar. À medida que o pesquisador lê o material, atribui a este os códigos selecionados previamente. Com isso, tende-se a chegar a uma descrição menos rica do material empírico, já que a intenção é justamente encontrar dados que se encaixem nos códigos preexistentes. Na codificação indutiva, também chamada de codificação aberta, o pesquisador vai criando códigos à medida que lê os materiais, sublinhando e marcando a informação de relevo. Os dados vão sendo categorizados conforme vão sendo produzidos.

Na codificação que combina ambas as formas – a dedutiva e a indutiva –, a leitura e o estudo do material empírico são guiados pelos conceitos retirados da revisão de literatura, mas a análise é feita de forma aberta, isto é, lê-se permitindo que novos conceitos que não pertencem ao leque analítico inicial emerjam do material. Dado o exposto, aconselhamos esta última forma de codificar – a combinação indutiva-dedutiva –, já que esta favorece uma imersão maior no material, instando o pesquisador a considerar várias interpretações e direções teóricas possíveis, ao mesmo tempo que permite manter em mente os conceitos relevantes retirados da literatura. É necessário, contudo, que o pesquisador informe no texto qual a forma de codificação escolhida.

Antes de introduzir mais detalhes sobre como codificar, é preciso mencionar que todo o processo de codificação deve ser acompanhado pela escrita de memorandos. Estes podem consistir em vários tipos de documentos, e prestam-se a desempenhar um grande leque de funções na organização da pesquisa. Podem, por exemplo, funcionar como repositórios de ideias analíticas de curto e longo prazo, cronogramas temáticos e temporais da pesquisa, assim como lembretes reflexivos (sobre reflexividade, veja a seção "Ética, reflexividade e posicionalidade", do capítulo "Metodologias, reflexividade e a escrita de um trabalho acadêmico") sobre os passos analíticos a serem tomados. Podem servir igualmente para documentar o raciocínio inerente tanto à escolha dos códigos como aos passos analíticos que levaram ao seu agrupamento em diferentes categorias. Os memorandos podem servir também para documentar os vários métodos de coleta e de análise da informação que foram utilizados no trabalho. Trata-se, portanto, de documentos importantes para a pesquisa, e que vão posteriormente ser utilizados como ponto de partida para a redação do trabalho.

Dado o exposto, como, então, codificar? Quais são os passos específicos para o fazer? Para começar, a codificação deve incidir sobre uma gama ampla de tópicos existentes no material. A ideia aqui é poder expandir o horizonte analítico do pesquisador para diferentes direções teóricas. O processo inicia-se, portanto, com a exploração do material. Esta pode ser feita através da aferição da frequência de palavras e de expressões de interesse, assinalando-as. Tal tarefa permite uma primeira identificação de eventuais padrões e regularidades nos dados. Isso inclui informações que são repetidas muitas vezes, interpretações oferecidas pelos autores que são particularmente enfatizadas, entre outras tendências. Nesse processo, frases e parágrafos são analisados, em seguida organizados e categorizados em temas que representam o fenômeno de interesse. Ao fazê-lo, o pesquisador vai interagindo com a informação e refletindo sobre ela. Assim, dados que inicialmente pareciam 'avulsos' e sem conexão uns com os outros podem começar a combinar-se de forma estruturada em conceitos e ideias.

Finda a verificação da frequência de palavras e expressões de interesse, a exploração inicial continua com a codificação *in vivo* de frases, palavras e expressões que parecerem mais salientes. *In vivo* significa que os códigos são os próprios termos, palavras e expressões que constam no material empírico, e que são considerados particularmente interessantes, apelativos e/ou esclarecedores. A autora, na sua pesquisa de doutorado conduzida em 2007 e 2008, e que incidiu sobre o papel das mulheres no processo de construção nacional dos Emirados Árabes Unidos, deparou-se muitas vezes com a frase: "Como as mulheres educam metade da sociedade, elas são toda a sociedade". Caso o trabalho tivesse utilizado o método da codificação para analisar a informação, essa frase seria um excelente código *in vivo*. É apelativo e transmite muita informação sobre o papel que as mulheres emiratis acreditam desempenhar na sua sociedade.

Continuando a fase inicial de codificação, é possível que seja encontrada muita informação à qual seja difícil atribuir códigos. Nesse caso, a informação deve ser agrupada numa codificação descritiva, isto é, atribuindo um código provisório que descreva a informação nele contida. Desse modo, a informação em causa pode ser guardada para ser estudada mais tarde.

No processo de leitura e de seleção da informação, devem ser codificados somente os dados de interesse. Por exemplo, se o interesse analítico incidir em emoções ou valores relacionados à democracia, os fragmentos de informação que se referem a esse tema devem ser selecionados, e deve seguir-se uma reflexão sobre como os agrupar e os integrar de forma coerente, mediante a atribuição de um código.

Um pedaço de informação pode ser atribuído a mais do que um código, e a quantidade de dados em cada um deles deve ser razoavelmente semelhante. Se esse não for o caso, e alguns códigos se referirem à pouca informação dos materiais, é porque o tema não é particularmente saliente nos últimos. Nesse caso, deve ser considerado o descarte desse código.

Passada a fase de atribuição de códigos, vê-se então como eles se relacionam uns com os outros e de que forma podem ser agrupados em categorias mais amplas. À semelhança do que foi feito com o material de análise no seu estado 'pré-codificação', os códigos devem também ser analisados entre si em busca de padrões, semelhanças e diferenças. Isso pode ser feito de várias formas. Uma delas é através de uma análise aos temas dos códigos em busca de processos a que eles se possam referir e tentar mapeá-los. Uma outra consiste em buscar tópicos e aferir o modo como se relacionam entre si, seja através da comparação, seja através do contraste entre dados. Nesse caso, buscam-se semelhanças e diferenças, ao mesmo tempo que se tenta identificar o porquê delas. Na sequência, os vários códigos devem ser organizados – através de sua junção, eliminação ou desagregação –, permitindo inclusive que emerjam códigos que contrariem as ideias iniciais do pesquisador. Se o trabalho terminar com muitos códigos, isso pode significar um problema no desenho da pesquisa; pode até mesmo ser sinal de que o pesquisador ainda não conseguiu definir bem aquilo que procura. Se for esse o caso, talvez se faça necessário rever elementos estruturantes do projeto de pesquisa.

No processo de escrita da análise, os vários códigos devem ser relacionados e a informação neles contida deve ser transmitida preferencialmente através de paráfrases – reservando-se as citações para as frases que são particularmente apelativas no seu formato original. Frases similares devem ser sumariadas e o conteúdo desnecessário à pergunta de pesquisa eliminado. Esse processo pressupõe várias iterações, em que a informação é lida e relida, estudada, juntada e separada. Demora algum tempo, mas o pesquisador, ao engajar-se desta forma intensa com o material, conseguirá desenvolver uma reflexão cada vez mais profunda acerca do significado dos dados e dos contextos em que os pode mobilizar.

Chega-se assim aos códigos finais. Os seus conteúdos e significados devem ser aprofundados mediante o engajamento e contraste com a literatura pertinente à pesquisa. O passo final na aplicação da codificação é verificar se os códigos se relacionam entre si de forma razoável e pertinente; se o mapeamento das descrições e das relações entre cada categoria conta uma história compreensiva da pesquisa; se eles refletem os dados de modo adequado; e se eles são coerentes com a literatura do campo. Ou seja, a "história contada" através da codificação é plausível? Faz sentido tendo em consideração o estado da arte, isto é, a literatura atual que compõe o campo de pesquisa? Para além disso, as conclusões que podem ser extraídas a partir da "história" apresentada pela codificação devem ser não só pertinentes como respostas para a pergunta de pesquisa, mas também representar os dados analisados. Como em todos os outros métodos que vão ser discutidos em seguida, o processo de codificação termina com a saturação da informação, isto é, quando a contraposição entre rondas de análise do material e a literatura do campo não é capaz de redundar em informações qualitativamente novas.

Um texto que utiliza a codificação como um método de análise da informação intitula-se "Sexual Harassment and the Construction of Ethnographic Knowledge", e foi escrito em 2017 por Rebecca Hanson e Patricia Richards. Apesar de não ser um texto específico de relações internacionais, a autora utiliza-o nas suas aulas de métodos de pesquisa para discutir os muitos eventos – bons e maus – que podem ocorrer ao longo de uma pesquisa de campo. Nesse trabalho, Hanson e Richards queriam aferir experiências de um grupo de pessoas nas suas pesquisas de campo, recrutadas através dos métodos de amostragem por conveniência e bola de neve, ambos já discutidos no capítulo anterior. Nas entrevistas, as questões colocadas versaram sobre questões de poder, construção de relações de confiança na pesquisa de campo, treino metodológico para lidar com estes assuntos, entre outros temas. Posteriormente, as várias entrevistas foram codificadas por cada uma das autoras separadamente e, após terminarem essa tarefa, compararam os códigos para aferir se ambas estavam interpretando a informação de maneira apropriada. Comparando os códigos, conseguiram identificar conjuntamente os temas mais salientes e chegar a um consenso sobre a 'história' contada por eles. Em trabalhos realizados em equipe, esta é uma excelente forma de aumentar a confiabilidade da codificação da informação.

ANÁLISE DE DISCURSO

A análise de discurso é um método amplamente utilizado não só em Relações Internacionais, como também em outras ciências sociais. O método consiste em uma miríade de abordagens distintas, cujo ponto comum incide na investigação de três dimensões inter-relacionadas: o uso da linguagem, os processos de construção discursiva e o papel que ambos desempenham na vida social.

As abordagens de análise de discurso diferem, contudo, na ênfase que cada uma delas coloca nos aspectos e nas dimensões dos objetos de análise. Por exemplo, em alguns casos, a utilização da análise de discurso tem por objetivo o estudo da linguagem – principalmente em termos da coerência frásica –, o seu relacionamento com o contexto em que é produzida e o seu papel na construção do mundo social. Em outros casos, discursos são tidos como objetos em si mesmos que podem ser descritos e avaliados sem a preocupação de remeter a possíveis horizontes sociais não linguísticos.

No entanto, no geral, a análise de discurso incide sobretudo no estudo da diferença e da desigualdade, assim como no modo como o exercício do poder funciona em sociedade sob o amparo dos meios linguísticos. Nesse sentido, alguns dos casos de pesquisa em que a análise de discurso é particularmente útil incluem o estudo do obscurecimento ou da mistificação de desigualdades inerentes às relações de poder; os processos microssociais associados ao uso do discurso em determinados contextos, assim como no exame de representações culturais, e em vários outros (Willig, 2014: 341-342). Em suma, na aplicação da análise de discurso, presume-se que pressuposições básicas relativamente ao ser humano, o eu e o mundo são construídas por indivíduos que vivem num certo contexto histórico-cultural, o qual é produzido e reproduzido pelos seus discursos.

A análise de discurso pode ser realizada com base em qualquer tipo de registro ou artefato – de documentos escritos a imagens –, desde que transmita significado. Por exemplo, uma carta escrita há um século transmite vários tipos de informação sobre a época em que foi produzida, desde indícios físicos, como a composição química do papel e da tinta utilizada, até vários outros de cunho sociológico oferecidos pelo texto em si. Neste último caso, são disso exemplo os meios de comunicação formal ou informal que eventualmente foram mobilizados na carta, as expressões de cordialidade ou dissensão constantes nela, bem como as variações nos tipos de comunicações entre os interlocutores em função do gênero e/ou da classe social. Dado o exposto, torna-se claro que, independentemente do seu propósito original, a carta é uma evidência de um fenômeno social e, portanto, um artefato de interesse para a aplicação de uma eventual análise de discurso.

Em relações internacionais, a análise de discurso tem sido usada com diversas finalidades para compreender e elucidar vários fenômenos, entre os quais destacamos três: a) a compreensão de como o discurso, articulado através da linguagem, ajuda a construir e a sustentar relações de poder entre os atores internacionais; b) a representação das políticas externas nas culturas nacionais e nos meios de comunicação; c) e a análise das variações no discurso de política externa de um país (Hansen, 2016: 95-110).

Relativamente ao ponto a), um exemplo contemporâneo de como a linguagem atua na construção de relações de poder assimétricas foi a divisão do mundo entre países 'civilizados' e 'incivilizados' apresentada pelo presidente estadunidense George W. Bush (mandatos de 20 de janeiro de 2001 a 20 de janeiro de 2009), na sequência dos ataques terroristas aos Estados Unidos da América a 11 de setembro de 2001. Entre os países civilizados estariam os Estados Unidos e os seus aliados; enquanto os incivilizados seriam aqueles Estados que apoiariam o terrorismo. Essa classificação retórica embasou a invasão do Afeganistão e do Iraque em 2001 e 2003, respectivamente.

No que diz respeito a como as culturas nacionais e os meios de comunicação representam questões de políticas externas, o ponto b), é fácil notar que os meios de comunicação e a produção cultural de um país muitas vezes amplificam preocupações existentes na sociedade. Um exemplo interessante é a série norueguesa *Okkupert*, título que se traduz por 'Ocupada'. Na série, são imaginados os desdobramentos políticos e sociais suscitados pela ocupação fictícia da Noruega pela Rússia, em virtude da interrupção da produção de petróleo pela primeira. Numa altura em que os países nórdicos se preocupam com a expansividade da política externa russa – cujo maior exemplo é, no momento da escrita do presente texto, a invasão da Ucrânia pela Rússia –, o sucesso dessa série – neste momento já com três temporadas – pode ser considerado um eco de ansiedades predominantes na sociedade norueguesa.

O terceiro ponto c) refere-se à utilidade do método da análise de discurso no estudo de variações de política externa. Nesse sentido, um exemplo interessante é o de Portugal durante o período em que foi implementado o programa de ajuda econômica externa ao país, o chamado *bailout*. Esse termo pode ser traduzido livremente como resgate, e foi conduzido pelo grupo que ficou popularmente conhecido como troika, que era composto pela Comissão Europeia, pelo Fundo Monetário Internacional e pelo Banco Central Europeu. Esse programa de auxílio financeiro foi implementado de 2011 a 2014. Durante esse período, o primeiro-ministro português da época, Pedro Passos Coelho, mobilizou representações históricas e ideacionais de Portugal como o 'bom aluno' da União Europeia, um conceito que denotaria que o país é um membro que cumpre as suas obrigações de modo responsável, sempre aderindo àquilo que era dele requerido. Essa foi uma forma, entre outras, de justificar a adesão portuguesa total aos acordos que tinham sido firmados com a troika e que implicavam, largamente, a implementação de políticas econômicas e sociais restritivas. Em termos de política externa, essa adesão caracterizou-se por uma orientação discursiva de total alinhamento com o discurso da União Europeia, ao contrário, por exemplo, do que fez a Grécia.

Para utilizar o método da análise de discurso, é necessário que o pesquisador detenha uma certa competência cultural para entender, nos documentos e nos artefatos analisados, os significados associados a presenças e ausências tanto de termos como de palavras, de expressões ou imagens. Para esse efeito, é útil que o pesquisador possua um conhecimento detalhado do contexto discursivo e político em que os documentos ou artefatos foram produzidos. Dessa forma, é possível avaliar a conexão entre documentos antigos e recentes, ter um certo grau de conhecimento sobre representações e conceitos, assim como o seu grau de disseminação e/ou institucionalização. O conhecimento prévio do contexto, tal como descrito anteriormente, permite que sejam identificados pontos, ideias ou expressões que não estão referidos nos textos de maneira explícita, precisamente porque estão amplamente disseminados ou porque são tão obviamente considerados senso comum que dispensam uma referência escrita. Do mesmo modo, a utilização da análise de discurso também requer um elevado grau de competência linguística, sem o qual não se consegue entender as microdinâmicas do discurso em análise, as suas implicações e as suas assunções, ao utilizar certas expressões e frases em vez de outras, porventura mais evidentes ao senso comum. De fato, pela sua complexidade, essa técnica não se presta à análise de um grupo grande de casos.

Como fazer análise de discurso na prática? Primeiramente, há que selecionar os documentos de interesse, que podem ser de naturezas diversas conforme o exposto anteriormente. Memórias políticas, artigos de jornal, cartas privadas, discursos oficiais, minutas de congressos, entrevistas publicadas na imprensa ou realizadas pelo próprio pesquisador, fotografias, vídeos; são múltiplas as fontes que se prestam a uma análise de discurso desde que, claro, estejam relacionadas com a pergunta de pesquisa. A seleção dos documentos ou artefatos para exame deve ser justificada, o que pode ser feito de várias formas. Uma delas é a triangulação – isto é, verificando se a informação em causa é confirmada em outros documentos –; outra é a saturação da informação. Esta se refere à situação em que se verifica que os mesmos dados são repetidos em várias fontes.

Para começar a análise de discurso, primeiro é preciso contextualizar cada uma das fontes sob análise. A maneira de fazer tal contextualização pode variar um pouco, a depender do tipo de fonte em questão. Mas em todos os casos, as questões básicas a que se buscará responder serão, pelo menos, as seguintes: Quem produziu a fonte, em que contexto e com que propósito em mente? Como a fonte se insere no âmbito de textos semelhantes? Que eventos políticos, estruturas econômicas e conjunturas culturais influenciaram as expressões, os gestos e as escolhas retóricas presentes nas fontes? Em seguida, tenta-se capturar o conteúdo do texto em termos de, por exemplo, quem é mencionado, de que forma, quais as características atribuídas a esse ator, quais os argumentos centrais. O material deve ser lido e relido, comparando-se, analisando-se e identificando-se os tópicos do discurso, e explorando-se as principais características das estruturas discursivas dos textos. Buscam-se temas-chave, padrões em termos de frequência e de ausência de expressões, associações com temas de interesse e com o contexto social, político, econômico ou cultural em que foram produzidos. Em seguida, tendo feito esse mapeamento, o pesquisador deve tentar relacionar o que encontrou nos materiais com a literatura acadêmica existente sobre o tema, referindo-se particularmente aos conceitos analíticos nela existentes.

O texto "Variations on Shared Themes. Branding the Nordics as Gender Equal", escrito em 2021 pelas autoras Katarzyna Jezierska e Ann Towns, faz uso da análise de discurso. O objetivo desse capítulo é examinar e comparar os componentes de igualdade de gênero nos esforços de *branding* empreendidos pelos países nórdicos Dinamarca, Finlândia, Islândia, Noruega e Suécia. Recorrendo à análise de discurso, as autoras buscam entender se esses países se apresentam de formas semelhantes ou se tentam estabelecer o seu próprio nicho temático, assim como o grau em que a igualdade de gênero é enfatizada. A informação que as autoras utilizaram para conduzir uma análise de discurso inclui, para além das fontes secundárias, documentos primários de autoapresentação publicados pelos países, bem como os seus respectivos sites oficiais. Aqui, elas estudaram não só os textos, como também as imagens apresentadas pelos sites. Segundo elas, esses sites, pelas suas mensagens construídas de forma deliberada e sintética, servem como um atalho para o tipo de imagem que cada Estado quer projetar e promover. Para o efeito, as autoras procuraram palavras-chave de interesse nos respectivos motores de busca, o que no caso incluíam, entre outras, *mulheres*, *masculinidade* e *gênero*; além de que leram e releram atentamente os materiais em busca dos temas citados e conectaram as mensagens dos sites com a literatura acadêmica do campo.

PROCESS TRACING

Em português, esta técnica significa "rastreamento de processo", mas é mais comum designá-la pelo seu nome em inglês. Este método centra-se na explicação causal, isto é, em estabelecer e entender relações de causa e efeito entre variáveis. Para resumir de maneira um tanto simplificada, o método pretende explicar como A dá origem a B, B origina

C, e assim sucessivamente. Esses mecanismos causais identificados são depois descritos e substanciados em hipóteses de pesquisa.

O que são então os mecanismos causais a que se refere o parágrafo anterior? Estes podem ser definidos como 'processos físicos, sociais ou psicológico' que não são observáveis, e que transferem 'energia, informação ou matéria a outras unidades'. Como essa definição indica, há uma série de diferentes objetos a que se presta uma análise de *process tracing*, mas a ideia central é a seguinte: se o pesquisador conseguir medir mudanças no fenômeno/objeto/sujeito de interesse, depois da intervenção do mecanismo causal – e em condições de isolamento temporal ou espacial de outros mecanismos –, pode, então, dizer que o mecanismo em causa gerou a mudança observada na entidade que está estudando (Bennett e Checkel, 2015: 12). O *process tracing* consiste, portanto, em olhar para um processo e examinar os vários passos intermédios até chegar ao evento final que se pretende explicar. Para tal, é necessário que a sequência de interesse seja examinada no nível de análise mais *infra* possível e prestando atenção aos microdetalhes do caso. O quadro a seguir explica de forma sucinta o que são os níveis de análise.

> ### Os níveis de análise
>
> O nível de análise refere-se ao patamar analítico em que é realizada a pesquisa. Por exemplo, quando se estudam as relações entre países, o nível de análise utilizado é o sistêmico, ou seja, o do sistema internacional. Quando se foca no interior de um país – como nas dinâmicas histórico-políticas – utiliza-se o nível de análise Estado, e assim sucessivamente. Os níveis de análise mais comumente utilizados são o sistêmico; o regional (enfocando as relações entre Estados numa dada região); o Estado (e este pode ser ainda desagregado em burocrático, político, econômico, sociedade civil, entre outros); e o individual – quando se estuda um indivíduo, como um chefe de governo, por exemplo.

Como utilizar esse método? Primeiro, devem ser explicitadas as variáveis independentes, isto é, aquelas que, como o nome indica, existem de forma independente, e que não são alteradas pelas outras variáveis. Estas podem ser pensadas como a causa do fenômeno que se visa mensurar. As variáveis dependentes são aquelas que dependem das primeiras, isto é, o efeito. Assim, o foco do estudo são as trajetórias que explicam o caminho, de maneira ininterrupta e causal – ou seja, as variáveis intervenientes –, entre a causa teorizada de um fenômeno – a variável ou variáveis independentes – e o efeito observado – a variável ou variáveis dependentes.

Em seguida, devem ser estipuladas as hipóteses que explicitem as sequências causais entre as variáveis. Como o foco dessa técnica incide sobre o estudo dos mecanismos que conectam os eventos e/ou fenômenos de interesse mediante a teorização dos passos intermediários entre eles, isso significa que os conceitos, os eventos, as variáveis envolvidas, bem como a sua cronologia e sequência, devem ser claramente colocados e explicados. Para o fazer, é necessário refletir bem sobre os dados, sobretudo sobre a presença ou a ausência de conexões e/ou padrões em que se tenha particular interesse. A aplicação desse método geralmente assenta numa combinação das técnicas de dedução e de indução. O predomínio de uma ou de outra dependerá do estado da arte do tema, isto é, se já existe muita produção científica sobre o assunto ou não. Se existir muita literatura, utiliza-se a dedução; se, pelo contrário, aquela for esparsa, deve-se recorrer à indução. No primeiro caso, os materiais preexistentes podem auxiliar o pesquisador a explicitar as relações causais. Se, pelo contrário, esse apoio temático não existir, o pesquisador terá que se emergir profundamente no material de análise e ser ele próprio a teorizar em grande medida essas relações.

O *process tracing*, em virtude da sua orientação para o estudo de microrrelações, demanda que seja coletada uma quantidade significativa de informação junto a diferentes tipos de fontes. Estes dados são na sua maioria qualitativos, a exemplo dos que comumente se extraem da literatura secundária, das observações, dos documentos oficiais, das memórias históricas, dos artigos de jornal, das entrevistas, para mencionar somente alguns. Caso seja necessária à pesquisa a realização de observações – quer participante, quer não participante – e de entrevistas ou grupos focais, a utilização do método do *process tracing* demanda um grau de acesso muito grande às pessoas e/ou aos ambientes de interesse. Isso ocorre precisamente porque o pesquisador tem de recolher informação sobre microprocessos; ou seja, não é só a extensão da informação coletada que importa aqui, mas a sua profundidade. Essa característica do método pode implicar que o tempo necessário para a coleta de dados seja bastante alargado.

Depois de estipuladas as hipóteses, avalia-se a sua pertinência através de uma série de testes-ideais, cujos nomes em inglês são livremente traduzidos para o português. Há os *hoop tests* (teste de aro); *smoking gun tests* (teste da arma fumegante); *straw in the wind tests* (teste de palha ao vento); e *doubly decisive* (duplamente decisivo) (Van Evera, 1997: 31-34, apud Beach e Pedersen, 2013: 102).

Derek Beach e Rasmus Brun Pedersen (2013: 103-104) descrevem esses testes utilizando a analogia da busca pelo suspeito de um crime, conforme se mostra a seguir. Comecemos pelo teste de aro (*hoop test*). Ele preconiza que uma sequência causal específica tenha de estar presente para que a hipótese seja válida. Falhar nesse teste elimina a hipótese, mas passá-lo não a confirma em definitivo. Por exemplo, a presença de um suspeito numa cidade onde foi cometido um crime não atesta sua culpa, ao passo que descobrir que o suspeito estaria fora do país o inocentaria. Passando ao segundo teste, o da arma fumegante (*smoking gun*), ele estipula que se uma sequência causal específica está presente, então a hipótese tem de ser válida. A hipótese em causa ganha força se passar esse teste, embora caso não o faça, isso não a descarte. Revertendo à metáfora indicadora do nome desse teste, se uma pessoa for encontrada com uma arma 'fumegante' na mão depois de um assassinato, essa prova implica fortemente essa pessoa, mas, se a arma do crime não for encontrada, a pessoa suspeita, apesar de não ter sido encontrada com uma arma, também não é automaticamente inocentada. O teste duplamente decisivo (*doubly decisive*) pressupõe uma hipótese que tenha bastante força empírica, o que, na prática, é bastante difícil de formular. Um exemplo é uma gravação de uma câmara de segurança

71

de alta resolução. A previsão de que o suspeito seria identificável na gravação é relativamente certa, mas se isso não é possível, então se supõe que o suspeito é inocente. Ao contrário, se o suspeito está presente na gravação, esse teste confirma a sua culpabilidade. O último teste, e o mais fraco, é o palha ao vento (*straw in the wind*). Trata-se de previsões empíricas que têm um nível baixo de certeza. Elas apontam na direção de uma hipótese ser válida ou não, mas não conseguem confirmá-la ou eliminá-la. Um exemplo apontado pelos autores citados é o da discussão sobre se as ideias ou interesses materiais importavam para que a União Soviética não utilizasse a força em 1989. O exame exclusivo das ideias e percepções de Mikhail Gorbatchov, na época secretário-geral do partido comunista, não permitiria concluir em definitivo que incentivos materiais e não ideias eram mais importantes como vetores das políticas soviéticas (Bennett, 2008, apud Beach e Pedersen, 2013: 103-104).

No processo de análise das hipóteses, é preciso também ter em conta que, se algum dos passos estipulados, por mais micro que seja, for significante e não ocorrer (ou mesmo se o passo acontecer, mas não da forma prevista), é necessário que a hipótese seja modificada em maior ou menor grau para atender a essa circunstância. Em relação à primeira possibilidade, a da não ocorrência, isso pode acontecer como o produto de vários fatores que não são mutuamente excludentes. Estes incluem a omissão de variáveis na análise ou até mesmo a não observação ou o não estudo de certas conexões por parte do pesquisador.

Contudo, para além desses elementos, há também que referir que a ausência de algum passo ou a sua não ocorrência, como inicialmente previsto, também pode decorrer da própria natureza do estudo de macroprocessos. De fato, existem limites práticos na identificação e na análise de micropassos e conexões, assim como na capacidade do pesquisador de conseguir estabelecer sequências contínuas (Bennett, 2004: 14-22). Adicionalmente, dada a grande quantidade de passos passíveis de serem analisados, pode ser também difícil identificar qual o ponto ou o estágio da análise das microrrelações, cujo estudo é suficiente para responder à pergunta. De fato, ao longo da análise, pode se chegar a um ponto em que há uma variação que o pesquisador não consegue mais explicar. Todavia, o tempo disponível para a pesquisa, a acessibilidade das fontes e a convicção do pesquisador de que atingiu a saturação são bons indicadores para terminar a análise (Bennett, 2011). Dois pontos importantes a reter acerca desse método são os seguintes: como o *process tracing* se utiliza para o estudo de microrrelações, é muito difícil generalizar para outros casos um estudo em que esta técnica tenha sido usada. O segundo é que o *process tracing* pode ser utilizado conjuntamente com outros métodos de análise da informação, como a codificação e a análise de discurso.

Um exemplo de um estudo em que pode ser utilizado esse método é a investigação de todo o processo de elaboração de um documento público, como uma lei, desde o momento em que ela é proposta, passando por todas as fases de apresentação, discussão e alteração, até sua entrada em vigor.

Jeffrey T. Checkel, no seu capítulo de livro escrito em 2009 intitulado "Process Tracing", oferece um exemplo de como aplicar esse método. O seu objeto de estudo é a socialização internacional dos diplomatas no âmbito da União Europeia. A questão que norteia sua análise é se tais indivíduos são persuadidos a adquirir lealdades supranacionais, em adição ou em detrimento das suas lealdades nacionais. Por socialização, o autor entende a promoção de preferências e mudanças de identidade, induzindo novos atores a normas, regras e formas de comportamento de uma dada comunidade. O objetivo final é sua internalização, isto é, uma situação em que essas normas e regras se tornam óbvias para os sujeitos e dadas como garantidas. Persuasão é o mecanismo causal de interesse na pesquisa, que o autor entendeu como um processo social de comunicação que envolve a mudança de crenças, atitudes ou comportamentos, sem a presença de coerção. Implica, portanto, convencer alguém através da discussão e do debate baseado em princípios. Checkel formulou cinco hipóteses, teorizadas antes da recolha de material empírico, que ditaram o tipo de informação de que ele necessitava, assim como a sua forma de coleta, de modo a tentar estipular o mecanismo de persuasão. Para o efeito, ele utilizou múltiplos métodos de recolha da informação: entrevistas não só aos sujeitos de investigação (cinco rondas de entrevistas ao longo de cinco anos), como também aos funcionários administrativos a cargo das reuniões em que ele tinha interesse; fontes secundárias – como memórias e declarações aos meios de comunicação –; minutas de reuniões; e sumários confidenciais de quase todas as reuniões dos comitês que eram objeto da pesquisa. Adicionalmente, fez também a triangulação entre todas essas fontes. No final, o estudo atento desses materiais permitiu-lhe teorizar a sequência causal em que o mecanismo de persuasão operava nos sujeitos de interesse.

ANÁLISE DE CONTEÚDO: INTERPRETATIVA E QUALITATIVA

A análise de conteúdo consiste no exame sistemático de todos os objetos e artefatos que transmitam uma mensagem informativa. Estes incluem textos em geral – como por exemplo discursos, protocolos, documentos oficiais, cartas, diários e livros –, mas também gravações de áudio e vídeo, imagens, telefonemas, dados eletrônicos, sites de internet, comunicações em mídias sociais, entre muitos outros. Em termos amplos, a análise de conteúdo incide sobre a investigação tanto do significado manifesto do objeto como do seu significado latente. O primeiro refere-se ao exame daquilo que é óbvio e aparente no documento ou artefato – ou seja, aquilo que o documento diz ou transmite efetivamente –, enquanto o segundo consiste em interpretar o material em busca de significados. Tal procura é extensiva ao contexto e ao ambiente em que o documento ou artefato foram produzidos, e não deixa de considerar as emoções humanas, tais como o humor, a ironia ou a raiva, que possam eventualmente ser subjacentes ao material analisado. Abordaremos a seguir dois tipos de análise de conteúdo: a qualitativa e a interpretativa.

Métodos para a análise da informação

A *análise de conteúdo qualitativa* é muitas vezes designada simplesmente como "análise de conteúdo" por ser aquela a que os pesquisadores se referem mais frequentemente. Consiste na anotação de temas, ideias, conceitos – ou seja, conteúdos –, a partir da leitura de textos ou exame de outros materiais, como áudios, vídeos, imagens, quadrinhos, entre outros artefatos. O objetivo é reduzir o material de análise, segmentando-o e extraindo aquilo que é de relevância para responder à pergunta de pesquisa. Contudo, ao mesmo tempo que isso é feito, todo e qualquer material, por menor que seja, deve ser examinado para aferir a sua potencial relevância para a composição da resposta à pergunta da pesquisa.

Os dados são em seguida organizados em códigos e, posteriormente, em categorias, de acordo com um esquema de codificação predefinido. Embora a análise de conteúdo possa também ser utilizada para contar a frequência de palavras, conceitos ou temas de interesse – e ser considerada, portanto, por alguns autores, uma técnica de cariz mais quantitativo –, ela compreende uma dimensão também de interpretação do significado manifesto e latente dos materiais.

A codificação já foi amplamente discutida na seção de mesmo nome e, por isso, aqui nos remetemos apenas àquilo que é específico para a prática da codificação no contexto da análise de conteúdo. Relembremos que a codificação tanto pode assentar na dedução, isto é, estar baseada em conceitos derivados da revisão de literatura (nos casos em que esta exista em abundância suficiente), como na indução, nas situações em que os conceitos emergem do material de análise (seja em razão da escolha do pesquisador, seja devido às limitações da literatura preexistente acerca do tema investigado).

A aplicação desse método consiste, em primeiro lugar, em determinar o escopo da análise, isto é, em delimitar um evento ou um acontecimento num dado escopo temporal. São exemplos de uma potencial delimitação a cobertura noticiosa da visita oficial de um dado chefe de Estado ao Brasil; ou a política externa brasileira para alguma área específica. Em seguida, é preciso delimitar o material que vai ser examinado

Métodos de pesquisa em Relações Internacionais

para o efeito. A pesquisa pode, por exemplo, recorrer a uma seleção de jornais de relevância, artigos e livros acadêmicos, entrevistas, materiais contidos em sites oficiais, entre muitas outras possibilidades. Em seguida, é necessário desenvolver um esquema de codificação. Em linha com a problemática definida para a pesquisa, o esquema de codificação será crucial para delimitar e destacar os temas a serem analisados, bem como os tipos de ação e os atores (pessoas, movimentos, organização etc.) que serão investigados mais de perto.

O objetivo desse método é focar somente na informação de interesse, codificá-la e elevá-la a um nível mais abstrato de modo a formar categorias. Estas últimas são noções abstratas que englobam vários tipos de ideias, conceitos ou experiências. As categorias não têm um caráter fixo, podendo ser formuladas e revistas ao longo do processo de análise. Imaginemos, por exemplo, que o pesquisador quer fazer um trabalho sobre democracia e o que ela significa para uma dada amostra de pessoas. No contexto de entrevistas e/ou grupos focais, essas pessoas poderiam mencionar ideias como a liberdade de ir e vir, de expressão, de imprensa, política, civil, de associação, entre várias outras. Todas essas palavras-chave podem ser conteúdos de uma categoria intitulada liberdade. Além disso, como mencionado anteriormente, é necessário ter em conta que a análise de conteúdo qualitativa também considera o contexto em que as falas foram proferidas, assim como imagens e áudios capturados. Por isso mesmo, é preciso que o pesquisador disponha também desses elementos, sempre que possível.

Assegurar a confiabilidade e a validade do método é um tema importante. A confiabilidade depende de que, entre outras coisas, os resultados a que se chega sejam semelhantes a cada vez que se usa o método sobre o material analisado. Para, por sua vez, garantir a validade é preciso certificar-se de que o método efetivamente consegue capturar o tipo de informação que se pretende analisar. Numa análise de conteúdo feita manualmente, tanto a confiabilidade quanto a validade do método são garantidas pela elaboração de uma moldura de codificação, o cerne desse método. Como essa formulação é um pouco complexa, embasamos as explicações a seguir no modelo de análise de conteúdo qualitativa de Margrit Schreier (2014: 170-184). Trata-se de um modelo largamente disseminado, embora esteja longe de ser o único modelo possível em análise de conteúdo – na verdade, esses modelos costumam variar de autor para autor. Como mencionado, e seguindo a proposta de Schreier, o arcabouço teórico do método assenta na construção de uma moldura de codificação. Esta é o seu eixo central, e passa por sucessivas revisões e codificações-teste, de modo a garantir que ela reflete adequadamente o material para análise. Deve consistir, no mínimo, em uma categoria principal e em, pelo menos, duas subcategorias. As categorias principais são aquelas sobre as quais se quer mais informação; e as subcategorias especificam o que é dito no material relativamente a essas categorias principais.

Tomemos, por exemplo, a seguinte pergunta de pesquisa: Qual era a relevância que a região do Oriente Médio detinha na política externa brasileira à época dos dois primeiros mandatos da presidência de Luiz Inácio Lula da Silva (2003-2010)? Se por relevância entendermos o modo como o interesse brasileiro na região foi prosseguindo, existem várias respostas que podem ser dadas. Algumas delas podem referir-se desde a interesses econômicos – através do estabelecimento de sucursais de companhias brasileiras no Oriente Médio –; a interesses culturais – tais como os de estabelecer programas de intercâmbio e de pesquisa; até interesses políticos – como por meio de um maior engajamento brasileiro nas políticas de enfrentamento mais salientes da região, como seria o conflito entre Israel e a Palestina. Caso se mantivesse a amplitude da pergunta de pesquisa citada, cada um desses tipos de interesse – os econômicos, os culturais e os políticos – poderia constituir uma categoria própria. Na sequência, a partir de cada uma delas, formar-se-iam subcategorias às quais seria associada a informação correspondente. Por exemplo, na categoria 'econômico', seria possível formar subcategorias como cooperação militar, agrícola e tecnológica. Na sequência, 'embaixo' de cada um desses itens poderiam constar os itens específicos em que a dita cooperação se desenrolaria. Note-se, portanto, pelo exemplo

Métodos de pesquisa em Relações Internacionais

dado, que cada uma das subcategorias pode conter, ela própria, as suas divisões, isto é, subcategorias. Não existe limite relativamente ao número de níveis hierárquicos que a moldura pode conter, mas é aconselhável que não exceda os três níveis para evitar o risco de acabar com demasiada informação para gerir.

A moldura de codificação deve atender a certos requisitos. Primeiro, as categorias principais devem cobrir apenas um aspecto do material, isto é, devem ser unidimensionais. Regressando ao exemplo citado, isso significa que as dimensões cultural e econômica não devem aparecer misturadas numa única categoria. Teriam de ser duas, pelo menos. Segundo, as subcategorias dentro de uma mesma categoria devem ser mutuamente exclusivas para garantir que a mesma informação não seja codificada mais do que uma vez sob uma mesma categoria. Ressalte-se que a mesma informação pode, sim, ser codificada várias vezes, desde que sob categorias diferentes. Por exemplo, a informação específica sobre uma empresa brasileira que tenha promovido eventos culturais no Oriente Médio pode ser codificada tanto sob 'economia' como sob 'cultura'. Na aplicação desse método, é preciso cuidar para que toda a informação relevante para responder à pergunta de pesquisa esteja coberta pela moldura de codificação, isto é, esteja 'contida' nas categorias existentes. Caso haja dificuldade em fazê-lo com algum pedaço de informação, podem ser inseridas na moldura de codificação 'categorias residuais' para lidar com os dados que, apesar de relevantes, não são facilmente incorporados nas categorias existentes. Vale a pena lembrar que é importante operar com um número reduzido de categorias residuais. Em demasia, pode significar que as categorias principais não estão bem delimitadas, pois estas não conseguem capturar a informação que se está analisando.

Num primeiro momento, a moldura de codificação é montada com base em apenas uma parte do material, não com todo aquele disponível para análise. Para tal, deve-se compor uma amostra representativa do último. Por exemplo, se há vários discursos proferidos por uma só pessoa, devem ser escolhidos apenas alguns (ou mesmo somente um,

Métodos para a análise da informação

dependendo da quantidade de material). Caso existam vários artigos de jornal sobre o mesmo tema, mas de jornais diferentes, pode ser selecionado um de cada jornal, e assim sucessivamente.

Feitas essas delimitações, é necessário olhar de novo para as categorias e subcategorias, e avaliar não só se elas representam adequadamente o material, mas também se fazem sentido juntas. Pode ocorrer, por exemplo, que algumas subcategorias sejam muito semelhantes, então nesse caso pode ser melhor fundi-las. Outra situação hipotética é o pesquisador avaliar que algumas subcategorias poderiam ser mais bem classificadas como categorias. Estas e outras eventuais alterações ajudam numa melhor definição da moldura de codificação. Terminada essa tarefa, a moldura deve ser agora aplicada a uma outra parte do material, de modo a rever as categorias e as subcategorias já descritas. Mais uma vez, esse excerto do material deve ser constituído de forma representativa, seguindo as orientações detalhadas atrás. É disso exemplo a escolha de alguns artigos representativos sobre dado tema (em oposição a todos os artigos disponíveis). Na verdade, o objetivo dessa fase composta pela dupla revisão da moldura de codificação é o de aumentar a confiabilidade e a validade da última em relação ao material que se está estudando.

Terminada essa fase, segue-se a da segmentação. O objetivo aqui é, mais uma vez, o de garantir que o material seja coberto pela moldura de codificação. Para o efeito, divide-se o material em unidades – por exemplo, um artigo de jornal pode ser demarcado pelos vários temas que menciona. Cada uma dessas demarcações é uma unidade que será posteriormente encaixada numa subcategoria da moldura de codificação. Para além da demarcação temática, há também a formal em que, em vez se de ater aos temas, o pesquisador separa essas unidades simplesmente por frases ou parágrafos.

Segue-se a codificação-teste, em que a moldura de codificação elaborada até o momento é testada numa outra parte representativa do material (como anteriormente, a exemplo de artigos de diferentes jornais, mas incidindo sobre o mesmo tema etc.). Mais uma vez, o objetivo é não só confirmar que a moldura de codificação representa o material de forma adequada, mas também corrigir eventuais lacunas e sobreposições que possam existir. Os resultados devem ser inseridos num documento de codificação (*Coding sheet*), no qual as unidades codificadas são as linhas, e as principais categorias as colunas. Nas células, são inseridas as subcategorias a que cada unidade codificada pertence.

Como a moldura de codificação não pode ser alterada uma vez que esta seja aplicada a todo o material analítico, todas essas fases têm por objetivo fortalecer a sua consistência e validade. O ideal é que sejam feitas duas rodadas de codificação-teste, e quanto maior a consistência entre ambas, maior a qualidade da moldura de codificação. Em seguida, é necessário avaliar a validade da moldura, isto é, se ela descreve de forma adequada o material e os conceitos que fazem parte da pergunta de pesquisa. Se demasiado material pertencer a categorias residuais, descritas anteriormente, é porque é necessário adicionar mais subcategorias que possam representar esse material.

Tendo cumprido todos esses critérios, segue-se o momento da análise propriamente dita. É nessa etapa que todo o material é analisado. Até aqui, em que se estava construindo a moldura de codificação, a análise era feita somente em partes do material. Agora, a moldura já não pode ser alterada, o que significa que, nas fases anteriores, a validade e a consistência devem ter sido adequadamente testadas. Os resultados devem ser colocados no documento de codificação já citado. É importante que, ao utilizar esse método, o pesquisador tome nota das razões que o levaram à interpretação apresentada e às várias denominações de categorias e de subcategorias. Essa informação deve fazer parte da apresentação final dos resultados, juntamente à moldura de codificação e às citações que ilustrem os dados presentes na última. As fases que compõem esse método estão sintetizadas no quadro a seguir:

Fases da análise de conteúdo qualitativa (Schreier, 2014):

1. Seleção do material;
2. Construção da moldura de codificação;
3. Segmentação;
4. Codificação-teste;
5. Avaliação e modificação da moldura de codificação;
6. Análise.

Sobre a análise de conteúdo em relações internacionais e um exemplo da sua aplicação, sugerimos o texto de Arash Heydarian Pashakhanlou, escrito em 2017 e intitulado "Fully Integrated Content Analysis in International Relations". Nele, o autor oferece uma visão geral do desenvolvimento do método e advoga por uma aplicação do método, combinando a codificação manual com aquela realizada com a ajuda oferecida por softwares.

Passamos, a seguir, para a *análise de conteúdo interpretativa,* uma forma de análise de conteúdo marcada por uma elevada exigência de reflexividade (sobre a reflexividade, veja a seção "Ética, reflexividade e posicionalidade" no capítulo seguinte). Essa análise se debruça tanto sobre o conteúdo manifesto – aquilo que está efetivamente presente – quanto sobre o latente, ou seja, os significados que estão subjacentes aos materiais sob investigação. Como o próprio nome indica, essa análise de conteúdo localiza-se no extremo interpretativista das metodologias de pesquisa, como será explicado em maior detalhe no próximo capítulo. Esse método, para além de analisar aquilo que está escrito ou é dito, engloba também inferências sobre intenções, pensamentos e sentimentos potencialmente presentes no material analisado (Drisco e Maschi, 2016: 65).

Ao contrário do método descrito anteriormente, essa técnica não segue uma estrutura predefinida. Pelo contrário, prioriza a flexibilidade e a alteração das estratégias de investigação em função das demandas e dos conhecimentos emergentes do contexto da pesquisa. Considera que, numa pesquisa, os fatos só podem ser observados no contexto de redes de crenças acerca do mundo, bem como sob a mediação de relações de poder e preocupações éticas. Esse método baseia-se, portanto, na premissa de que a realidade é socialmente produzida, o que leva a que o objetivo da pesquisa interpretativista seja buscar compreender os vários significados relacionados com os conteúdos analisados, além das maneiras como estes são criados por atores que estão contextualmente situados.

Paralelamente, é preciso observar que o pesquisador é também, ele próprio, parte dessa rede de geração de significados. Dessa forma, o modo como ele acessa o conhecimento, a maneira como ele o gera e o analisa são processos inter-relacionados. Por isso mesmo, ao criá-lo, o pesquisador deve estar atento aos vieses pessoais e profissionais que são dados pela sua posicionalidade no processo de pesquisa. Por posicionalidade, referimo-nos a suas ideias, pensamentos e crenças que podem influenciar o modo como ele interpreta os dados. Refletir de maneira séria acerca desse posicionamento é essencial para a condução de uma pesquisa de cariz interpretativo. A assim obtida reflexividade será abordada de forma mais extensa no próximo capítulo.

Dado o exposto, torna-se evidente que a análise de conteúdo interpretativa é um método que não pressupõe objetividade, no sentido de ser entendida como demandando a autoanulação da subjetividade do pesquisador. Significa, sim, que as interpretações realizadas devem ser justificadas, não só com base no material de investigação, mas também tendo em conta os posicionamentos pessoais e os vieses do pesquisador. Nesse sentido, vamos em seguida abordar três contextos em que o conhecimento pode ser produzido por recurso à análise de conteúdo: através da condução de pesquisa de campo; mediante a realização de entrevistas; e na análise de materiais primários e secundários.

No capítulo anterior abordamos de forma extensiva o tema da pesquisa de campo, por isso aqui vamos defini-la de forma mais simples. Esse método de coleta de informação consiste em "entrar" na área ou comunidade de interesse. Aqui, o verbo *entrar* está com aspas porque é possível também conduzir pesquisa de campo on-line – por exemplo, em chats, fóruns ou jogos – onde não "se entra" fisicamente. Locais físicos onde é possível desenvolver esse método incluem congressos, ministérios, departamentos, campos de refugiados – entre muitos outros possíveis. A pesquisa de campo está muitas vezes interconectada com os métodos da observação (principalmente a participante) e com a condução de entrevistas. Nesse sentido, iremos abordá-los em conjunto. A produção de conhecimento surge, portanto, no engajamento com o ambiente de interesse mediante a convivência com os participantes. Essa é uma relação de mão dupla, em que tanto os participantes como o pesquisador trazem as suas ideias e vivências para a produção de significado. Nessa interação, o pesquisador deve privilegiar os conceitos que emergem da pesquisa de campo e que são, eles próprios, altamente contextuais. Por exemplo, se o pesquisador for entrevistar diplomatas brasileiros sobre a participação deles numa rodada da Organização Mundial do Comércio, é possível que o primeiro descobrisse que os diplomatas tinham a sua própria nomenclatura para designar múltiplas situações profissionais do dia a dia, desde a discussão sobre certos temas até apelidos atribuídos a dados comitês. A validade desses conceitos na análise de conteúdo interpretativa residiria no fato de eles serem altamente conjunturais e produzidos pelos próprios participantes. Essa situação constituiria uma primeira possível camada de análise. Uma segunda consistiria em levar em conta que um mesmo conceito não necessariamente significa a mesma coisa para todos os participantes. Isso implica, portanto, que a consistência dos conceitos em termos do seu significado não poderia ser assumida *a priori*. Recorrendo ao exemplo anterior, para um grupo de diplomatas, um mesmo apelido dado a um comitê não teria o mesmo significado para todos.

Adicionalmente, esse tipo de pesquisa é também caracterizado pela lógica abdutiva na formulação de proposições, ou seja, pela suspensão da opinião do pesquisador, de modo a olhar para os dados emergentes com mente aberta e construir um novo conhecimento científico a partir do que observa. Essa forma de inferência lógica será detalhada no próximo capítulo.

Passemos agora para a análise de conteúdo aplicada à literatura que se pretende analisar. Nesse caso, o foco analítico do pesquisador deve incidir na forma como os problemas e as situações apresentados se tornam legítimos ou institucionalizados. Discernir esses formatos requer que o pesquisador estude a estrutura do texto, a sequência em que os temas são apresentados, quais aqueles que aparecem em maior destaque e quais são os tópicos que são minimizados ou ausentes. Nesse sentido, o pesquisador deve olhar para a história que está sendo contada, quais os argumentos utilizados para sustentá-la e, em um nível mais microanalítico, quais palavras e expressões escolhidas para o fazer. Simultaneamente, deve ser avaliado de que forma é que a apresentação do(s) tema(s) enfatiza ou não eventuais posições políticas e/ou normativas. Também é importante estabelecer relações entre essas posições e outras políticas ou narrativas normativas mais amplas.

Em suma, na análise qualitativa interpretativa, os significados emergem do material empírico e não são predefinidos. Nesse método, é colocada uma forte ênfase no modo como o pesquisador interpreta os dados, o que significa que é particularmente importante que ele seja bastante sincero no que tange aos seus vieses pessoais e ao modo como estes podem vir a influenciar o significado que ele próprio atribui aos dados.

Clare Ginger, no seu capítulo de livro escrito em 2006 e intitulado "Interpretive Content Analysis. Stories and Arguments in Analytical Documents", oferece um exemplo de como conduzir esse tipo de pesquisa. Mediante a observação participante em agências públicas e a análise de documentos técnicos oficiais, a autora visa aferir como os técnicos, que desenvolviam e implementavam políticas públicas na área de política ambiental, faziam sentido de situações e conceitos ambíguos. Ela estava particularmente interessada em entender como é que, utilizando os mesmos materiais e cenários, os funcionários desenvolviam e chegavam a conclusões opostas.

ANÁLISE TEMÁTICA

Como o próprio nome indica, a análise temática é um método para identificar, analisar e relatar padrões ou temas presentes nos dados pesquisados. Vão existir, a princípio, muitos temas nos dados, mas, tal como na análise de conteúdo, o objetivo desse método é o de direcionar o olhar somente para aquilo que o pesquisador considera relevante para responder à pergunta da pesquisa. Outras semelhanças com a análise de conteúdo são as seguintes: em ambos os métodos, a frequência de temas ou de códigos específicos não é necessariamente um dos objetivos da análise, embora possa sê-lo ou não, dependendo dos objetivos do pesquisador; e a análise temática também recorre aos já apresentados procedimentos de codificação para gerir e analisar a informação. Nesse sentido, e para os propósitos desta seção, discutiremos aqui brevemente o que é um código e como constituí-lo, sugerindo a leitura daquela intitulada "Codificação", para uma explicação mais aprofundada. Os códigos, portanto, identificam uma porção da informação considerada de interesse, atribuindo-lhe um rótulo que tanto pode ser de origem manifesta, isto é, descrevendo o que está presente nesse(s) dado(s), como de origem latente, ou seja, incidindo sobre o significado dessa informação. Os materiais a codificar podem ser de diferentes origens e incidir sobre diversos tipos de informação.

Contudo, para além dessas semelhanças, existem também diferenças. Primeiro, a análise temática é bem mais flexível na análise e no tratamento dos dados, dispensando a elaboração de uma moldura de codificação. Segundo, e por último, ela demanda, da parte do pesquisador, uma larga dose de reflexividade, posto que aqui o objetivo é "contar uma história" a partir dos temas identificados, sendo que as próprias crenças, visões e ideias do pesquisador podem vir a ser parte da análise. Nesse ponto, a análise temática aproxima-se mais da análise de conteúdo interpretativo.

Seguem-se agora as diretrizes para aplicar a análise temática. De fato, à semelhança de outros métodos discutidos até aqui, a primeira fase corresponde à imersão do pesquisador no material, bem como à leitura e à releitura das fontes relevantes – como discursos, entrevistas, livros, artigos científicos e de imprensa, entre outros. É também parte dessa fase a anotação – independentemente do formato –, seja na margem dos documentos, seja num documento separado. O objetivo aqui é começar a descortinar temas à luz das palavras e das expressões constantes no material. Nesse sentido, anotar os dados de interesse pode ajudar a uma leitura mais ativa e crítica. A aplicação desse método pode começar também com uma lista prévia de conceitos considerados relevantes, mas esta deve ser flexível na sua aplicação, ou seja, tais conceitos devem prestar-se a serem alterados ao longo da análise.

Por exemplo, a crise do euro dentro da União Europeia, que começou em 2009 e se desenrolou nos anos subsequentes, afetou particularmente Portugal e Grécia. A crise interna nesses países levou a que eles pedissem ajuda financeira, o chamado resgate. Ambos reagiram de forma bastante diferente aos termos da ajuda financeira que lhes foi oferecida. Enquanto a Grécia resistia aos termos inerentes aos acordos financeiros propostos pelo Fundo Monetário Internacional, pelo Banco Central Europeu e pela Comissão Europeia – popularmente denominados troika –, Portugal caracterizou-se por uma adesão total e completa a eles. De fato, o primeiro-ministro da época, Pedro Passos Coelho (2011-2014), repetia frequentemente a expressão "Portugal não é a Grécia". Uma análise temática dessa frase já nos ofereceria bastante informação. O significado manifesto dela é óbvio; um país claramente não pode ser outro. Mas o que é de interesse aqui é antes o significado latente na expressão. O primeiro-ministro estava claramente tentando diferenciar o que tomava como o mau comportamento grego, da linha de ação que ele próprio apresentava como a correta e que estava sendo prosseguida por Portugal. A utilização dessa frase denota um processo através do qual a Grécia é convertida no "outro incivilizado", por alegadamente se colocar fora das regras de interação e de sociabilidade europeias, ao recusar os termos em que lhe era oferecida ajuda financeira. Nesse exemplo, a codificação efetuada incide sobre o nível latente da significação. Para categorizar a frase citada, poderíamos usar códigos, por exemplo, "incivilizado" ou "outro". Seria possível até mesmo usar a frase como um código *in vivo*. Como mencionado na seção "Codificação", um código *in vivo* consiste na utilização da própria expressão de interesse como código. Essa técnica é favorecida nos casos em que a frase ou expressão é apelativa e condensa bastante informação latente. A declaração de Pedro Passos Coelho de que "Portugal não é a Grécia" é claramente um exemplo desse tipo de frases.

Depois de aplicar o primeiro código, deve-se continuar a ler o material para análise até encontrar outro pedaço de informação que seja de interesse. Nesse ponto, o pesquisador deve decidir se deve usar o código que já utilizou ou aplicar outro. O processo é repetido até que se termine de ler todo o material selecionado. No decurso do primeiro, nomes de códigos podem ser alterados, nova informação pode ser inserida em códigos preexistentes e informação já codificada pode sê-lo novamente sob um outro código. Nesse sentido, o método da análise temática mostra-se bastante flexível. Essa fase termina quando todos os dados estiverem codificados e estes tenham sido "capturados" em toda a sua diversidade e padrões. É importante notar que um código deve ter mais do que um pedaço de informação anexado a ele. Tal como já discutido na seção "Codificação" sobre análise de conteúdo, não existe um número máximo de códigos mas, na prática, se o pesquisador terminar com muitos, pode ter dificuldade em geri-los. O excesso de códigos também pode ser sintomático de problemas no desenho da pesquisa, indicando que o pesquisador talvez não tenha ainda chegado a uma pergunta de pesquisa bem definida.

A fase seguinte é a busca de temas entre os códigos. Trata-se de um processo ativo, guiado pela pergunta de pesquisa. Como mencionado anteriormente, o material de análise não "fala por si próprio". Aquela envolve rever os dados codificados para identificar áreas de semelhança e de sobreposição entre eles. O processo de gerar temas e subtemas envolve colapsar ou agrupar códigos que partilhem processos ou linhas temáticas comuns. Certos conceitos ou assuntos podem atravessar temas, ajudando, portanto, a contar uma 'história' sobre o material de análise.

Métodos de pesquisa em Relações Internacionais

Essa fase analítica envolve a exploração de várias maneiras de agrupar os códigos – sempre norteadas pela pergunta de pesquisa – e o desenho de mapas temáticos. Estes consistem em ferramentas visuais que delineiam as várias vertentes da análise, e servem para identificar temas, subtemas e interconexões entre aqueles códigos já identificados. Nessa fase, é também importante começar a explorar a relação entre temas, considerando como é que eles podem "funcionar" juntos de modo a contar uma história. Pode também haver códigos que não se encaixam do ponto de vista temático, que tanto podem ser desagregados e colocados em outros temas ou, até mesmo, ser descartados. O essencial, lembre-se aqui também, não é representar ou explicar tudo o que é evocado nos materiais, mas antes chegar a uma resposta à pergunta que norteia a pesquisa. Isso quer dizer que nem tudo o que se encontra no material empírico é necessariamente relevante. Deve-se referir também que os temas descortinados pelo pesquisador devem ser razoavelmente equilibrados em termos da informação que agregam.

Para concluir o trabalho analítico, os temas podem ser apresentados e organizados num mapa temático ou numa tabela em que devem aparecer, debaixo de cada tema, os excertos utilizados, indicando hierarquias ou processos entre eles. Na sequência, verifica-se a congruência entre os temas desenvolvidos, os códigos subjacentes e o material empírico. Esse processo deve ser realizado de forma iterativa, e repetido quantas vezes for necessário. Códigos podem ser descartados, expandidos ou colocados sob outro tema. Finda essa fase, deve ser feita uma releitura final de todos os dados para garantir que os temas capturem de maneira adequada o material de análise. Aqueles devem capturar os elementos mais importantes presentes no material e relacionarem-se diretamente com a pergunta de pesquisa. Por isso mesmo, a ordem em que são apresentados os temas é importante; estes devem conectar-se de forma lógica e plausível (Braun e Clarke, 2006: 79, 82). Também na análise temática, o sinal mais importante de que o trabalho analítico está próximo da sua conclusão é a percepção do pesquisador de que grupos de temas estão suficientemente saturados, não resultando o acréscimo de materiais novos em prováveis novidades que sejam relevantes à luz da pergunta da pesquisa.

Uma contribuição recente sobre análise temática, publicada em 2021, é o livro escrito por Virginia Braun e Victoria Clarke, intitulado *Thematic Analysis: a Practical Guide*. Nesse livro, as autoras explicam detalhadamente o método, sugerindo exercícios para cada fase dele. O manuscrito conta também com depoimentos por parte de acadêmicos que utilizam a análise temática, composto por declarações de cunho pessoal acerca de vantagens e vicissitudes inerentes à aplicação do método.

PESQUISA E ANÁLISE HISTÓRICAS

Apesar de a História e de as Relações Internacionais há muito serem duas disciplinas distintas, cada uma com as suas próprias teorias, métodos e debates, a primeira é frequentemente utilizada na produção de conhecimento da segunda. Contudo, a diferença primordial entre ambas talvez seja a de que a produção de conhecimento histórico nem sempre é um fim em si mesmo para os internacionalistas, como o é para os historiadores. De fato, em muitos trabalhos de relações internacionais, a abordagem histórica tende a ser utilizada de uma forma que às vezes soa até mesmo a-histórica para a maioria dos historiadores – por exemplo, como uma plataforma para avançar argumentos teóricos, ou, então, como meio de obtenção do *background* histórico do fenômeno ou evento contemporâneo no qual se está mais diretamente interessado. Nesses casos, tende-se a um uso pontual da literatura historiográfica sobre determinado tema (Thies, 2002: 351-372). Mas o uso da História nas Relações Internacionais não se esgota aqui. Existem, de fato, investigadores que desenvolvem pesquisa em história das relações internacionais e fazem um uso do conhecimento histórico distinto daqueles que foram mencionados anteriormente.

Para abordar a pesquisa histórica nesse sentido mais específico, devemos relembrar a já introduzida distinção entre fontes primárias e secundárias, bem como as especificidades de cada uma. Fontes primárias referem-se a registros por escrito de ideias, percepções ou eventos que foram feitos na altura em que eles ocorriam. É o caso de artigos de jornal, cartas, documentos oficiais ou o registros de discursos proferidos por decisores políticos. As entrevistas também frequentemente podem ser consideradas fontes primárias. As fontes secundárias, por sua vez, são interpretações *a posteriori* de eventos, percepções, ideias; são normalmente feitas com base em material primário legado pelos contemporâneos dos fenômenos em questão. Livros acadêmicos, em contraste, são quase sempre usados como fontes secundárias.

Na pesquisa em História das Relações Internacionais, as fontes primárias são um elemento de grande importância, pois é preferencialmente com base nelas que se vão inferir conclusões acerca de eventos ou processos pretéritos. Mas é preciso ter em conta que as fontes estudadas numa pesquisa histórica nunca falam por si próprias. A sua interpretação depende e muito de operações que são anteriores e posteriores à leitura das fontes. São decisivas, por exemplo, tanto a seleção prévia do material a ser investigado, quanto a interpretação que conecta as informações factuais obtidas das fontes a contextos analíticos mais abrangentes.

Dado o exposto, há toda uma série de vieses a que o pesquisador deve estar atento. Vamos nos referir, primeiro, às próprias fontes primárias que, como mencionado anteriormente, incluem cartas, diários, documentos oficiais, entre outros. Elas foram escritas por alguém que tinha os seus próprios propósitos e interesses e, por isso, esses documentos não podem ser encarados como neutrais ou como veículos que revelam o passado "tal como aconteceu". Para além disso, deve ser tomado em consideração que todas as fontes e os vestígios materiais a que podemos ter acesso hoje não são senão uma pequena fração do tudo o que foi algum dia produzido pela mão humana. A interpretação do passado é sempre baseada em artefatos que perduraram ao longo dos anos ou séculos. Segue-se que a história é uma interpretação constante e rotineira do passado que muda e/ou evolui, não só em função do aparecimento de novas informações ou artefatos, resíduos ou vestígios do passado, mas também do surgimento de novas questões vinculadas a situações do mundo atual, elas próprias em constante fluxo. Tal condição vale tanto para as fontes escritas mais costumeiramente acessadas em pesquisas de relações internacionais, como para os vestígios materiais estudados pelos arqueólogos.

Um exemplo interessante do exposto anteriormente é um artigo publicado em 2019 na revista estadunidense *The Atlantic* sob o título "Why a Medieval Woman Has Lapis Lazuli Hidden in Her Teeth", em tradução nossa: 'Por que uma mulher medieval tinha lápis-lazúli escondido nos seus dentes'. Aqui, o quebra-cabeças apresentado consistia no seguinte: o lápis-lazúli era um pigmento raro e caro na Europa durante a época medieval, pois era originário de uma região específica no Afeganistão. Então, como explicar que ele tenha sido encontrado na placa dentária de uma freira alemã falecida há cerca de mil anos? Tratava-se de um pigmento que era utilizado em ilustrações religiosas, e apenas os escribas mais importantes e habilidosos tinham acesso a ele. Essa descoberta levava a duas conclusões possíveis: primeiro, a de que a mulher em causa era uma escriba; segundo, a de que poderia ter ingerido o pó ao preparar o pigmento para outrem. No caso, um escriba do sexo masculino. Apesar de a existência de mulheres escribas já ser conhecida, os seus números, assim como o escopo e a importância das suas contribuições, são ainda pouco reconhecidos e estudados. Essa descoberta acabou por oferecer mais uma peça do quebra-cabeças acerca não só da existência, mas também da relevância das mulheres escribas na época medieval. Esse exemplo ilustra, de forma clara, o quanto a nossa interpretação está dependente dos métodos técnicos que vão sendo, entretanto, descobertos, como também de como a interpretação histórica é ela também um processo aberto, que está sujeito a reconfigurações constantes.

A tal condição soma-se a circunstância de que das fontes primárias que sobrevivem até os nossos dias nem todas estão disponíveis ao público. O exemplo mais óbvio são as fontes classificadas que geralmente dizem respeito à atuação de governos. Basta que consideremos que no momento desta escrita está em vigor no Brasil a Lei de Acesso à Informação de 2011, que determina que documentos classificados como ultrassecretos, o nível máximo de sigilo, permaneçam indisponíveis ao público durante 25 anos. Ainda em termos de disponibilidade para o pesquisador, cumpre lembrar também aquelas fontes que, mesmo se abertas para consulta, podem estar fora de sua alçada em função da localização geográfica das últimas. Um arquivo com documentos importantes, mas localizado no exterior, seria um exemplo dessa circunstância. Temos aqui, portanto, três fatores importantes que determinam quais as fontes primárias que vão ser utilizadas para um trabalho de pesquisa: em primeiro lugar, a sua sobrevivência até os dias de hoje; em segundo, a sua disponibilidade – ser um documento de acesso aberto por oposição a um classificado –; e, em terceiro, a proximidade geográfica da fonte em relação ao pesquisador.

É importante abordar, ainda que muito sucintamente, a questão da autenticidade das fontes e da credibilidade da informação que elas oferecem. Como foi mencionado anteriormente, as fontes primárias são produzidas por alguém que se guiava por propósitos e interesses pessoais ou institucionais e, por isso mesmo, há alguns cuidados que devem ser tomados na sua utilização, particularmente no que diz respeito à sua autenticidade. Não nos debruçaremos muito sobre este ponto, que é um clássico tema dos manuais de metodologia histórica. Contudo, é importante sublinhar que a documentação histórica, mesmo depois de devidamente autenticada, não é nem poderia se tornar um simples espelho objetivo dos acontecimentos de que trata. Deve, por isso, ser colocada dentro do seu próprio contexto histórico. Tal contextualização pode ser iniciada com a aplicação à fonte de perguntas bastante simples, mas cujas respostas são frequentemente muito complicadas: Por que é que a fonte foi criada? Por quem? Com que finalidade? Em benefício de quem?

Outra problemática importante relacionada à pesquisa histórica é a dos vieses que podem acometer o próprio pesquisador e também

Métodos para a análise da informação

aqueles que são inerentes aos autores, cujas obras o investigador seleciona. Como foi mencionado no início desta seção, em Relações Internacionais é comum o recurso pontual a fontes secundárias de História, como meros repositórios de contextos, processos e acontecimentos do passado. Esses livros ou artigos são muitas vezes usados de forma meramente instrumental e demasiado direcionada, sem que se reflita muito sobre as interpretações promovidas pelo autor que se vai utilizar. Como já foi dito, não existe uma reprodução fiel e sem vieses do passado; um acontecimento só adquire significado com a interpretação que lhe é atribuída. Por isso mesmo, há vários riscos a se ter em conta no uso da literatura secundária de natureza historiográfica. Ao empregar essa literatura, não se podem negligenciar questões ligadas à autoria da obra em questão, à formação intelectual do autor e aos seus compromissos ideológicos, além do contexto em que a obra foi produzida. Na realidade, o trabalho dos historiadores (como o de outros acadêmicos) é marcado por uma série de preocupações mundanas, como, entre outras, a disponibilidade de financiamento (as agências de fomento muitas vezes direcionam apoio para o tipo de pesquisa que lhes interessa que seja produzida). Aqui se insere também o apelo de temas da moda – como o foi a Primavera Árabe há alguns anos e a invasão da Ucrânia pela Rússia no momento da escrita, assuntos esses que podem vir a granjear atenção acadêmica e midiática. Acrescentamos ainda o acesso a pessoas e a locais que podem vir a determinar o sucesso ou insucesso da pesquisa; assim como os compromissos pessoais, ideológicos ou morais dos autores com certas perspectivas, e as suas lealdades políticas. É por esses motivos que a crítica das fontes é tão importante. O ideal, portanto, é que o pesquisador tenha o cuidado, na seleção das obras históricas, de buscar saber quem é o historiador cujas ideias vai utilizar, e se este não se localiza nas margens da sua disciplina em virtude de uma produção intelectual marcada por transgressões a preceitos elementares da ética e da metodologia da pesquisa. Aqui, também pode ser importante fazer uma triangulação da informação para prevenir os problemas citados anteriormente.

Outro exemplo que gostaríamos de citar é o da pesquisa relacionada com espaços sob o controle de regimes autoritários. Nesses casos, os livros disponíveis sobre eventos do passado e do presente, assim como a interpretação que eles oferecem, podem muito frequentemente transmitir uma interpretação favorável, aprovada pelo regime no poder e falseadora da realidade. Uma solução pragmática para contornar esse problema é a de buscar publicações mais antigas, de uma época em que o regime controlava menos a produção intelectual, e consultar as interpretações lá oferecidas. Nesse sentido, as entrevistas com pessoas que vivenciaram o evento também oferecem fontes importantes de informação.

Um exemplo conhecido de trabalho de relações internacionais baseado em pesquisa histórica é o livro *Maldita Guerra: nova história da Guerra do Paraguai*, de Francisco Doratioto, publicado originalmente em 2002. Os trabalhos preparatórios ao livro abrangeram visitas a arquivos e bibliotecas em diversos países, o que permitiu que fosse recolhido e tratado criticamente um vasto conjunto de documentos. Esse esforço de pesquisa estendeu-se por cerca de 15 anos e serviu de base para que o autor rejeitasse enfaticamente a tese de que o imperialismo britânico estaria na origem do conflito que, entre 1864 e 1870, opôs Argentina, Uruguai e o Império Brasileiro, de um lado, e o Paraguai, do outro.

Metodologias, reflexividade e a escrita de um trabalho acadêmico

Neste último capítulo, enfocamos a realização de um projeto de pesquisa e de um trabalho acadêmico como os elementos articuladores mais elementares da investigação em Relações Internacionais. Nesse contexto, apresentam-se aqui dois momentos, divididos ao longo de cinco seções: um de aspecto mais analítico e um outro de cariz mais estrutural. O momento analítico começa com uma discussão metodológica, focando na etnografia, na narrativa, no estudo de caso e no feminismo; seguida por uma seção em que se abordam a ética, a posicionalidade e a reflexividade. São assuntos complexos, mas que pela sua importância devem fazer parte de qualquer discussão sobre a elaboração de um trabalho acadêmico. Na sequência, e num segundo momento de cunho mais organizacional, discorre-se sobre os elementos que devem constar tanto num projeto de pesquisa como num trabalho acadêmico, discussão essa que é complementada com a apresentação de estratégias para escrever um argumento científico.

A METODOLOGIA

Nesta seção, continuamos a percorrer momentos analíticos do trabalho, encetando uma discussão sobre o que é a metodologia, assim como a apresentação daquelas mais comuns em Relações Internacionais. As escolhidas são a etnografia, a narrativa, o estudo de caso e o feminismo. A decisão metodológica é importante, pois está intimamente associada tanto à escolha dos métodos que foram selecionados para fazer a coleta como àqueles escolhidos para fazer a análise da informação.

Retomamos, portanto, uma distinção que abordamos brevemente na "Introdução": a de que métodos e metodologia não são a mesma coisa, apesar de serem muitas vezes, e de maneira errônea, mencionados e utilizados como tal. A metodologia pode ser considerada a *moldura interpretativa geral* que é atribuída a um trabalho, isto é, o contexto teórico ou conceitual em que o trabalho é feito e vai ser percebido; enquanto os métodos de pesquisa são os *meios e as técnicas utilizados para aceder à informação* de interesse e analisá-la. Além disso, nos capítulos precedentes, fizemos também a distinção entre os *métodos de coleta de informação* – detalhados no primeiro capítulo – e os *métodos de análise da informação* – objeto do segundo capítulo. Relembremos que os primeiros se referem, por exemplo, à revisão da bibliografia secundária, às entrevistas, aos questionários, entre outros citados; ao passo que os segundos são aqueles como a análise de discurso, a codificação e a análise temática, entre vários outros discutidos. Estes permitem tratar os dados e extrair deles significados, estabelecer entre eles relações de causalidade ou explicar o funcionamento de estruturas.

Algo importante a ser observado quanto a essas distinções entre métodos e metodologia é que nenhum dos métodos que seja escolhido para estudar o fenômeno de interesse é metodologicamente neutro. Avançamos um pouco nessa direção na discussão encetada nos capítulos precedentes, mas aqui queremos aprofundá-la um pouco mais. Portanto, o que significa dizer que nenhum método é metodologicamente neutro? Na verdade, quando se decide estudar a realidade segundo uma metodologia qualquer, a primeira decisão que é preciso tomar é se o mundo vai ser representado "tal como ele é", ou seja, sob a ótica de estruturas cujas existência e ação independem da autopercepção individual das pessoas; ou se, pelo contrário, o mundo vai ser entendido como "um emaranhado de visões que são produzidas pelas pessoas". Essa decisão tem consequências práticas para a pesquisa. Correndo o risco de sermos um pouco reducionistas, podemos dizer que, no primeiro caso, se o mundo for considerado algo externo, que pode ser observado de forma neutral e imparcial, o trabalho de pesquisa tende a assumir uma ênfase positivista. No segundo, se for considerado que o mundo é produzido pelas pessoas e que, por virtude da interação do pesquisador com ele, aquele é também alterado, o trabalho tenderá a ser de natureza interpretativista. São esses, portanto, os extremos do contínuo em que oscila a metodologia, podendo um trabalho também ocupar pontos intermédios, o que fará com que ele não seja nem totalmente positivista, nem totalmente interpretativista. É isso, aliás, o que acontece com a grande maioria dos trabalhos em relações internacionais.

Intimamente associados à metodologia estão os domínios da ontologia e da epistemologia. A primeira, a ontologia, refere-se à natureza do que é estudado. Nas suas aplicações à pesquisa social e em relações internacionais, uma questão ontológica crucial é: o mundo social existe "lá fora", é externo à experiência humana e presta-se mesmo a ser descoberto? Ou, pelo contrário, será a realidade um conjunto de significados, fruto do contexto e dos condicionamentos pessoais dos participantes? A decisão que se toma acerca da natureza da realidade estudada afeta o modo como a realidade pode ser conhecida. Afinal, e utilizando um exemplo simples, não podemos estudar as relações entre os Estados utilizando um microscópio. A ferramenta não é apropriada dada a natureza do objeto. De fato, podemos estudar um Estado e sua atuação internacional concedendo prioridade a diferentes aspectos associados a esse fenômeno. Podemos priorizar a ação política de pessoas individuais

Métodos de pesquisa em Relações Internacionais

ou a de entidades coletivas, como um partido político ou um grupo profissional. Podemos, ainda, colocar em primeiro plano as instituições impessoais que são constitutivas de uma estatalidade. Podemos também enfocar a relação entre diferentes Estados. A opção por cada uma dessas dimensões envolve uma escolha ontológica acerca de que aspecto de realidade deve figurar no foco da atenção analítica.

A epistemologia, por sua vez, tem a ver com as condições de possibilidade do conhecimento, com a forma como o mundo pode ser conhecido. Na perspectiva positivista, o conhecimento da realidade social dá-se mediante a observação que se pretende direta e neutral dos fenômenos, por meio da identificação de padrões e regularidades, causas e efeitos. O mundo é, portanto, externo ao pesquisador e existe "lá" fora, pronto para ser descoberto. Nesse sentido, tanto os fenômenos sociais como os naturais são explicáveis por recurso a leis gerais ou regularidades de diferentes tipos, e a ciência limita-se a descobrilos, estabelecê-los e a elucidar as conexões causais entre eles. Como os eventos ocorrem "lá fora", em função de forças externas que são regidas por regularidades, o pesquisador observa-os a partir de uma posição externa, levando os seus modelos preconcebidos (e extraídos da literatura acadêmica relevante) para testagem no campo de investigação. O modelo de conhecimento científico característico das epistemologias positivistas é claramente o das ciências naturais, sobretudo daquelas marcadas pela existência de leis naturais ou regularidades de tipo forte, a exemplo da Física.

Por contraste, no enfoque interpretativista, o objetivo é desnaturalizar explicações dominantes. As "verdades", nesta tradição, são entendidas como representações ou narrativas que são histórica e discursivamente construídas, e os conceitos são produzidos de forma contextual. Assim, o objetivo é entender o mundo dentro do qual os atores sociais e políticos vivem, o seu ambiente, as suas experiências e a sua temporalidade. O que está em primeiro plano aqui são, portanto, os meios pelos quais os atores políticos fazem sentido do seu próprio mundo. A tradição interpretativista considera-o sendo composto por inúmeras realidades sociais, multiplamente representadas. Nesse sentido, na ótica interpretativista, o analista de relações internacionais não se limita à explicação de fenômenos, pois a própria atividade de interpretar é, também, ela mesma, uma forma de fazer sentido da realidade em que a interpretação é conduzida. É por isso que esse enfoque rejeita a ideia do pesquisador neutro e impassível, divorciado de processos históricos, ideias e preferências, que é dominante na tradição positivista, e advoga, pelo contrário, que a subjetividade do intérprete – suas visões, perspectivas, políticas, paixões – relaciona-se a elementos constitutivos e inexpugnáveis do processo de pesquisa. Ambas as abordagens são legítimas e permeiam a pesquisa em Relações Internacionais, embora continuem a ser objeto de debate acirrado no mundo acadêmico. Para melhor ilustrar essas diferenças, apresentamos, em seguida, dois exemplos: um relacionado com a construção de conceitos e outro com o tipo de uso que se faria de informação obtida por entrevistas.

No primeiro exemplo, se o pesquisador estiver interessado em estudar a Primavera Árabe de modo a entender a resiliência dos regimes autoritários no Oriente Médio e no Norte de África, o ponto de partida seria diferente consoante seguisse uma abordagem positivista ou interpretativista. Seguindo uma ótica positivista, buscar-se-ia definir de forma objetiva os parâmetros da aplicação do conceito "regime autoritário" sobre a realidade empírica sob análise. Ou seja, ter-se-ia um modelo preconcebido de regime autoritário, construído ou extraído a partir da literatura, e na sequência aplicar-se-ia esse modelo à realidade empírica. Por contraste, numa perspectiva interpretativista, o pesquisador tenderia a levar em conta as experiências dos atores que vivenciaram os acontecimentos da Primavera Árabe, construindo, assim, o analista uma interpretação de regime autoritário a partir dessas percepções primárias. Tratar-se-ia, portanto, de uma formulação conectada a experiências tal como vivenciadas pelos atores.

O segundo exemplo são as entrevistas. Se forem conduzidas no âmbito de um projeto orientado por uma metodologia positivista,

Métodos de pesquisa em Relações Internacionais

então o pesquisador está interessado na aferição de fatos. Se vários entrevistados oferecerem versões contraditórias do mesmo evento, o investigador tentará confirmar a veracidade da informação. Isso pode ser feito através de técnicas como a triangulação, que consiste em encontrar outras fontes, como documentos ou literatura, que confirmem ou desmintam essa informação. Em contraste, no contexto de um projeto com enfoque interpretativista, são precisamente as diferentes visões no que concerne a determinado acontecimento que são de interesse para a pesquisa. Nesse caso, as informações diferentes sobre o mesmo evento recolhido por meio das entrevistas seriam expressão da riqueza das visões e das interpretações que pessoas distintas têm sobre o mesmo fenômeno, mercê das suas disposições pessoais, educação, contexto socioeconômico, político e profissional, entre outros fatores. Sendo assim, fatos não são estabelecidos pela experiência objetiva, mas sim através da percepção e da representação.

É de frisar que nenhum dos métodos explicitados ao longo deste livro é exclusivo a uma certa metodologia. Todos podem ser utilizados ao longo do contínuo positivismo e interpretativismo, podendo, como já referido, ocupar posições intermédias, consoante a decisão metodológica tomada pelo pesquisador.

Seguimos agora para uma apresentação e discussão das metodologias mais comuns em relações internacionais – a etnografia, a narrativa, o estudo de caso e o feminismo. Todas elas podem ser utilizadas com ênfase mais positivista ou mais interpretativista.

Etnografia

Majoritariamente utilizada em projetos de cunho interpretativista, a etnografia tem uma longa história em disciplinas como a Antropologia e a Sociologia, e comparativamente mais recente no campo das Relações Internacionais.

A etnografia é uma metodologia abrangente que pode ser utilizada conjuntamente com uma série de métodos de recolha de informação, como as entrevistas, as observações participante e não participante, os questionários, entre vários outros. É caracterizada pela imersão física ou virtual no local de interesse, que tem por objetivo obter descrições complexas e detalhadas de aspectos específicos da vida e/ou da comunicação de um grupo, através da observação dos seus padrões de comportamento, interação, hábitos e estilos de vida e/ou de trabalho.

Entre os potenciais locais físicos para a condução de uma etnografia, destacam-se uma organização internacional, um ministério, um gabinete, um espaço de vivência ou de interação do grupo de interesse, um congresso. Entre os espaços virtuais, podemos mencionar os chats, os fóruns de discussão e as redes sociais. Para utilizar essa metodologia, o pesquisador deve, ao se inserir nesses ambientes, escrever e manter notas extensivas acerca das observações realizadas, das entrevistas conduzidas e também das interações, não só entre os participantes, mas também entre estes e o próprio pesquisador. É ideal que as conversas sejam transcritas exatamente como proferidas e, se possível, com a linguagem dos participantes.

Em termos gerais, em relações internacionais, existem duas dificuldades centrais associadas ao uso da etnografia: primeira, a dificuldade de acesso aos locais de interesse. Estes podem ser edifícios oficiais, como o Ministério dos Assuntos Exteriores, ou a delegação da União Europeia em Brasília, onde, geralmente, não é possível entrar e ter livre acesso para poder observar, entrevistar as pessoas e/ou assistir às reuniões de trabalho. Isso significa que, para utilizar esse método, o local de pesquisa tem de se prestar a essa imersão, isto é, o pesquisador deve ter alguma medida de acesso ao ambiente e às pessoas de interesse. Algumas das escolhas possíveis incluem congressos, seminários, fóruns, manifestações, protestos e outros eventos similares. Nesses meios, haverá acesso aos palestrantes e aos articuladores, assim como condições de observação das interações e do tipo de linguagem utilizada para abordar os diferentes temas em foco.

A segunda dificuldade na utilização da etnografia só existe caso o pesquisador queira investigar temas mais tradicionais em relações internacionais, como as relações entre grandes poderes ou as dinâmicas do sistema internacional. Esses são objetos amplos e sem existência física concreta. Claramente, a etnografia não seria a metodologia adequada a esse tipo de trabalho.

Se a etnografia for utilizada num trabalho de ênfase interpretativista, o pesquisador é, nesse caso, também parte da pesquisa, e deve ser levado em consideração o modo como a sua presença altera a dinâmica do local de análise. Por exemplo, as pessoas tendem a comportar-se ou a falar de maneira diferente quando sabem que estão sendo observadas. Numa perspectiva positivista, o pesquisador pode recolher a informação – através de entrevistas, histórias orais, análise de documentários, de filmes e de fotografias, entre outros – e tratá-la sem levar em conta o papel dele próprio na pesquisa. O objetivo, nesse tipo de investigação, é o de encontrar padrões e regularidades nos dados, tentar encontrar explicações causais para aquilo que é observado e, se possível, generalizar para outros casos a partir do fenômeno que está analisando.

Um exemplo de uma etnografia em relações internacionais é o artigo clássico de Carol Cohn, publicado em 1987, e intitulado "Sex and Death in the Rational World of Defense Intellectuals". Nesse artigo, a autora detalha a sua pesquisa de campo entre estrategistas nucleares americanos, feita com o objetivo de entender melhor o militarismo que caracterizou a Guerra Fria. Ela utilizou os métodos da observação participante e das entrevistas, participou de seminários e teve várias conversas com analistas de defesa. O foco da análise de Cohn foi o surgimento e o desenvolvimento de uma linguagem neutra que ela designou como "tecnoestratégica" sobre guerra nuclear, armas nucleares e estratégias nucleares, sem referência material ou moral ao que isso significaria na prática.

Narrativa

Devido ao uso comum dos termos *narrativa* ou *análise narrativa* em diferentes contextos, impõe-se aqui uma clarificação de como ambos são utilizados na literatura. Podemos falar de narrativa segundo duas dimensões distintas: enquanto metodologia – que é o objeto desta seção; ou enquanto um método de análise da informação. No caso utilizar-se-ia o termo *análise narrativa*. O primeiro designa o *formato* do trabalho produzido pelo pesquisador, a exemplo de autobiografias ou narrativas individuais acerca de determinado tema. O segundo refere-se ao estudo das narrativas que são criadas por atores sobre certas questões ou eventos. Seria exemplo disso um eventual estudo sobre as narrativas produzidas tanto pelo governo russo como pelo ucraniano acerca da invasão da Ucrânia pela Rússia em fevereiro de 2022. Um exemplo de um texto no qual o autor estuda as narrativas criadas por atores políticos – em que a análise narrativa é, portanto, um método de análise da informação – é o de Arshin Adib-Moghaddam, escrito em 2007 e intitulado "Inventions of the Iran-Iraq War". Referindo-se à guerra entre o Irã e o Iraque, que durou oito anos (1980-1988), o autor mostra claramente como a liderança iraquiana, na pessoa de Saddam Hussein, o presidente e ditador da época, legitimou o início e a prossecução dessa guerra. O cerne do argumento de Adib-Moghaddam é o de que, recorrendo a acontecimentos e referências históricas, religiosas e políticas, o Iraque foi capaz de criar uma narrativa que granjeou apoio a essa guerra, tanto junto à sua audiência interna, como a uma internacional.

Tendo feito essa clarificação, passamos agora para o uso da narrativa enquanto metodologia. Em que isso consiste? Uma narrativa consiste essencialmente em contar uma história que tenha significado para uma dada audiência. É caracterizada não só pela presença de personagens principais e secundárias, mas também por um argumento que detalha a história contada, bem como uma conclusão. O uso de narrativas destina-se a persuadir, a ensinar lições, a mobilizar pessoas ou grupos e a construir identidades. A utilização dessa metodologia é particularmente relevante quando seu objetivo é atribuir sentido a uma série de eventos – sendo alguns omitidos no processo – que podem ou não estar inter-relacionados, e que são interpretados e reinterpretados, combinados e apresentados de forma a fornecer à audiência uma moldura interpretativa da realidade que esteja de acordo com os interesses de quem produz a narrativa.

Os materiais usualmente utilizados na sua construção incluem as histórias contadas sobre algum evento ou fenômeno vivenciado por pessoas de interesse; as experiências biográficas de um indivíduo ou de vários; ou o modo como certos atores organizam e atribuem sentido às suas experiências, sejam elas pessoais e/ou profissionais. O foco dessa metodologia, portanto, não é necessariamente se é verdade ou mentira aquilo que é transmitido nos vários materiais utilizados na análise, mas sim o formato e o conteúdo da história que é contada pelos últimos. Dado o exposto, torna-se evidente que o que torna essa metodologia particularmente distintiva é a sua ênfase no estudo da criação de significado – através dos sentimentos, das interpretações e dos valores reportados nos materiais –, por oposição à mera documentação de uma história ou experiência. Por exemplo, no contexto da pandemia de covid-19, existem várias narrativas que podem ser contadas acerca do modo como atores internacionais lidaram com este desafio. Alguns exemplos incluem a narrativa de culpabilização da China por alguns atores; as histórias de competição e de solidariedade por material hospitalar e vacinas entre diversos países; ou o impacto da pandemia em locais já vulneráveis, como os campos de refugiados. Cada um dos atores citados nesses exemplos poderia, sobre o mesmo fato ou evento, contar histórias diferentes, moldadas a partir da sua perspectiva, acerca de como os acontecimentos se sucederam e desenvolveram. Nessa tarefa de criação de sentido que dá origem à narrativa, há várias operações que são feitas pelos intervenientes. Especificamente, os vários eventos são objeto de tratamento diferenciado, isto consoante os autores ou atores querem assinalar e contar certos acontecimentos e omitir outros. Desse processo de assinalamento e omissão fazem também parte tanto a amplificação de eventos quanto a sua diminuição. O resultado final é uma narrativa construída para cumprir os propósitos de quem a constrói.

Na disciplina de Relações Internacionais, as narrativas, como construções proativas da realidade, cumprem uma série de funções. No caso da relação entre Israel e a Palestina, por exemplo, as narrativas servem de suporte a relações de poder – que nesse caso são assimétricas, embora possam não o ser em outros casos – e estão imbuídas de uma multitude de sentimentos, como a glória, a vitimização, o direito de autodefesa e a culpabilização. Elas sintetizam e articulam, de forma interdependente, histórias – algumas mais recentes, outras com mais de 70 anos – embasadas em sentimentos pessoais, familiares e nacionalistas, imbuídas de vitórias e perdas, tanto pessoais como coletivas. Essas narrativas ajudam a dar sentido à realidade das pessoas e à dos atores políticos. Dessa maneira, elas evidenciam os limites e as possibilidades da vida política, já que articulam determinadas visões de mundo e não outras, criam e dão vida a certos sujeitos políticos e não outros, e re(produzem) entendimentos sobre fatos, relações e pessoas. Elas são também ancoradas em definições sobre quem pode ser o narrador, quem pode falar de certos temas e eventos, e para quem.

À semelhança da etnografia, a utilização dessa metodologia também pode oscilar ao longo do contínuo entre o interpretativismo e o positivismo. Na perspectiva interpretativista, em adição aos componentes citados anteriormente, a narrativa é também produto do encontro entre o(s) narrador(es) e o pesquisador, encontro esse que é geográfica e temporalmente definido por ocorrer em determinada localização num período estabelecido. Sendo que isso é levado em conta na forma como a narrativa é construída, aqui o pesquisador também se torna narrador, na medida em que, através da sua interpretação, dá sentido à narrativa. Em contraste, na ótica mais positivista, o pesquisador localiza-se "fora" da história contada, operando como um mero narrador daquilo que é contado por pessoas ou transmitido por materiais.

Um manuscrito em que a narrativa é utilizada como metodologia é o livro editado em 2016 por Naeem Inayatullah e Elizabeth Dauphinee, intitulado *Narrative Global Politics: Theory, History and the Personal in International Relations*. Nele, vários acadêmicos de Relações Internacionais contam histórias pessoais, entrelaçando momentos das suas vidas com temas específicos da disciplina, produzindo, assim, textos narrativos plenos de significado.

Estudo de caso

O estudo de caso é utilizado com frequência em Relações Internacionais e consiste na análise profunda de uma instância, um evento, uma personalidade ou um fenômeno. Tanto pode ser conduzido dentro da tradição interpretativista como positivista. No caso da primeira, busca-se entender as experiências humanas no seu contexto e também o modo como elas geram significado. Na segunda, almeja-se a produção de explicações causais sobre algo que pode ser apreendido, estudado e mensurado.

É de extrema importância para a aplicação dessa metodologia que o objeto de estudo esteja contido, isto é, delimitado. Pode ser demarcado, por exemplo, como um evento que ocorreu numa época e num local específico, como a invasão do Afeganistão. Pode ser cerceado como uma atividade, como o crescente uso do WhatsApp para comunicação entre diplomatas em reuniões oficiais; ou pode ser definido de forma específica, como o estudo da política externa feminista da Suécia, em vigor nos anos de 2014 a 2022. De fato, um dos maiores desafios associados à utilização do estudo de caso é precisamente essa demarcação. Por vezes, o cerceamento adequado do objeto de estudo falha ao utilizar, por exemplo, uma pergunta de pesquisa demasiado ampla, ou ao elencar demasiados objetivos para o estudo. Para que o estudo de caso seja delimitado adequadamente, é necessário que sejam definidos, desenvolvidos e implementados critérios de inclusão e de exclusão – de ideias, de eventos, de pessoas, entre outros –, que delimitem tanto o escopo como a profundidade do caso que se pretende estudar.

Nos exemplos citados anteriormente, o da invasão do Afeganistão foi um evento que começou em 2001 – embora o processo decisório que levou a esse acontecimento tenha começado antes – e, entre os meses de fevereiro de 2020 e agosto de 2021, os EUA retiraram as tropas do país, num processo caracterizado por uma extrema volatilidade e conflito. Um exemplo possível de delimitação do estudo de caso é focar precisamente nessa retirada complicada de tropas e de pessoal estadunidense do Afeganistão. Como pode ser observado, trata-se de um evento que tem uma data de início e uma data de fim, o que permite uma delimitação cronológica. Uma camada adicional de cerceamento desse mesmo caso poderia consistir, por exemplo, em focar nos desafios específicos da evacuação de certas categorias profissionais. Militares e tradutores seriam, nesse sentido, opções possíveis.

Passamos, agora, para a possível delimitação teórico-prática dos potenciais estudos de caso sugeridos há pouco. No exemplo da análise da utilização do WhatsApp por diplomatas, o pesquisador pode restringir este último grupo a uma determinada nacionalidade e a sua atuação em fóruns internacionais específicos, como em reuniões de um dado comitê da Organização Mundial do Comércio. O último exemplo apresentado – o da política externa feminista da Suécia – poderia ser demarcado temporalmente, de 2017 a 2020, e restringir-se à análise dos efeitos dessa política no campo da ajuda ao desenvolvimento outorgada a países específicos. Importa reter que, em todas as situações sugeridas aqui, as áreas de interesse foram demarcadas – quer temporalmente, quer por eventos, quer pelos atores envolvidos, quer pela audiência. São possíveis outras formas de demarcação, dependendo do tema escolhido.

Existem vários tipos de estudo de caso, cujas nomenclatura e, até certo ponto, sua descrição variam de acordo com os autores utilizados. Aqui, seguimos a categorização de Jack Levy (2008: 3-7), que estabelece uma tipologia básica entre: casos idiográficos; casos geradores de hipóteses; casos de teste de hipóteses; e os *plausibility probes,* traduzidos livremente como "testes de plausibilidade".

Os primeiros, os casos idiográficos, visam descrever, explicar ou interpretar um caso em particular como um fim em si próprio e não como um veículo para generalizar para outros casos. Nesse sentido, o caso estudado apresenta características que são interessantes em si mesmas, não dependendo de uma justificativa associada a outros casos. Um exemplo é o livro de Carvalho Pinto, *Nation-Building, State and the Genderframing of Women's Rights in the United Arab Emirates (1971-2009),* publicado em 2012. Aqui, o objetivo geral foi o de explicar a incorporação das questões de gênero na construção nacional dos Emirados Árabes Unidos, ao longo de um período de tempo bem delimitado, conforme aparece no título.

Os segundos – os casos geradores de hipóteses – têm por objetivo a análise de um ou mais casos com a finalidade de generalizar para além deles. Esses tipos de casos são particularmente apropriados em situações em que o estado da arte sobre o tema não está bem desenvolvido. Por exemplo, o estudo das políticas de busca de *status* por parte de pequenos Estados pode ser prosseguido no âmbito desse tipo de estudo de caso. Escolhendo países pequenos como Portugal, Noruega e Emirados Árabes Unidos, seria possível, através das ações destes, deduzir proposições sobre as formas como outros Estados pequenos buscam *status* na arena internacional. Os terceiros – os casos de teste de hipóteses – são, como o próprio nome indica, uma situação em que as hipóteses pré-formuladas são testadas no material empírico. Textos acadêmicos que utilizam *process tracing* seriam exemplos de trabalhos nesse âmbito, embora muitas vezes não sejam apresentados com a terminologia de um estudo de caso. O texto citado no capítulo "Métodos para a análise da informação" de Jeffrey Checkel, escrito em 2009 e intitulado "Process Tracing", seria disso exemplo.

Por último, os testes de plausibilidade. Estes podem ser entendidos como um estudo-piloto que permita ao pesquisador delinear ou explorar uma teoria ou uma hipótese, antes de se engajar num estudo mais amplo e mais complexo. Um exemplo desse tipo de estudo de caso é o artigo escrito por Quddus Z. Snyder, publicado em 2013, e intitulado "Integrating Rising Powers: Liberal Systemic Theory and the Mechanism of Competition". Nesse texto, o autor explora o tema da integração comercial da China no sistema internacional.

Feminismo

O feminismo é uma metodologia bastante desenvolvida na disciplina de Relações Internacionais. Antes de entrar mais profundamente no tema, é importante fazer a diferenciação entre *gênero* e *feminismo*. Ambos são termos que, apesar de serem muitas vezes utilizados de forma equivalente, se referem a coisas distintas. Enquanto o feminismo se dedica ao projeto político de emancipação feminina, *gênero* designa a construção social e cultural do que significa ser biologicamente homem ou mulher. O feminismo é, portanto, um movimento sociopolítico e/ou teórico que analisa e desafia o tratamento desigual sistemático aplicado às mulheres. Sua prática se dá através do exame crítico de como formas dominantes de conhecimento justificam, de modo sistemático, a subordinação de grupos subalternos. Pela sua pluralidade, é preciso reter que o feminismo não é uma abordagem que apresenta uma perspectiva monolítica e única. Pelo contrário, o feminismo é caracterizado, precisamente, pela sua diversidade em termos de orientações e de perspectivas. Da mesma forma, as mulheres (à semelhança dos homens) não são uma categoria homogênea; as experiências das mulheres variam entre e dentro de países, e as suas vidas são impactadas por diferenciais, como a raça, a etnia, a classe social, a religião, a origem geográfica, entre vários outros fatores. Por isso mesmo, muitas dessas questões devem ser examinadas nos seus contextos históricos, culturais, políticos, econômicos e geográficos específicos. Falar de feminismo é, assim, falar de diversidade. É considerar que o feminismo é uma espécie de guarda-chuva amplo que engloba múltiplos conceitos, ideias, movimentos de base e perspectivas acadêmicas. Nesse sentido, podemos citar, entre muitos outros, o feminismo marxista, o ecofeminismo e o feminismo liberal. De maneira geral, o que todos têm em comum é subscreverem o entendimento de que a construção de conceitos no geral, bem como a produção de conhecimento, é um processo complexo, cujos significados e a verdade que eles transmitem não podem ser dados por adquiridos. Pelo contrário, devem ser escamoteados, e as assunções que informam a construção da sua base teórica, exploradas. Desse modo, a produção de conhecimento – em qualquer que seja o seu formato – deve ser examinada criticamente, não só por aquilo que transmite, como também pelos potenciais silêncios e opressões que incorpora e reproduz. Um artigo acadêmico que ilustra bem esta preocupação é o texto de Pamela Paxton, escrito em 2000, e que se intitula "Women's Suffrage in the Measurement of Democracy: Problems of Operationalization". Aqui a autora mostra claramente, utilizando definições de transição democrática propostas por autores importantes da ciência política, que as datas sugeridas pelos últimos correspondem, na realidade, à data em que foi obtido o sufrágio masculino, datas essas que distam, por vezes por várias décadas, da data em que as mulheres de cada país ganharam o direito de voto. Aqui o exemplo mais gritante é o da Suíça. Os homens obtiveram o direito de voto em 1848, ao passo que as mulheres, na sua totalidade, só puderam votar em 1971. A grande contribuição que esse artigo traz é a de mostrar que, se o sufrágio feminino for levado em conta na estipulação das transições democráticas dos países ocidentais, estas vão recuar várias décadas. Isso resultaria, em alguns casos, em colocar países não ocidentais, como o Egito e a Turquia, no topo do *ranking* das transições democráticas. Essa omissão, como o artigo ilustra, tem também consequências no estudo da emergência democrática, assim como na pesquisa sobre as causas da democratização.

Uma outra característica dos trabalhos feministas é a ênfase colocada na 'utilidade' desse trabalho, ou seja, a sua produção tem como objetivo, para além da realização de um trabalho acadêmico, a criação de um recurso de conhecimento que possa servir a um projeto emancipatório. Um exemplo desse tipo de trabalho é o livro de Nadje al-Ali de 2000, intitulado *Secularism, Gender and the State: the Egyptian Women's Movement*. A autora fez uma pesquisa etnográfica junto aos movimentos de mulheres no Egito, particularmente os seculares, e traçou a sua evolução ao longo do tempo, entrelaçando-a com a história do país e contribuindo, assim, para clarificações e novos entendimentos de como os primeiros se desenvolveram.

Como é evidenciado pelos artigos supracitados, ambos são textos feministas no sentido em que chamam a atenção para, no primeiro caso, a invisibilidade das mulheres nas datas de transição democrática e, no segundo, para o seu papel político. Contudo, são textos metodologicamente diferentes. Isso para evidenciar que não existem métodos de coleta ou de análise de informação que sejam especificamente feministas. Na realidade, ambos os tipos de métodos – tanto para coleta como para análise de informação – são adaptados, na sua utilização, às especificidades da pesquisa feminista. Esta é caracterizada por três pontos centrais: primeiro, o questionamento do conhecimento existente que tem sido majoritariamente produzido por homens e utilizando como base empírica as vidas destes últimos. Isso significa que tal preponderância tem como resultado a omissão das experiências, das visões e das presenças femininas em temas, eventos ou fenômenos de interesse (como ilustra o texto citado de Pamela Paxton). Nesse sentido, e esta é a segunda especificidade, o objetivo da pesquisa feminista é o de revelar a invisibilidade da participação feminina na reprodução da ordem social, política, econômica e cultural existente e estudar as desigualdades estruturais dela resultantes. Por exemplo, um campo em crescente expansão nas Relações Internacionais tem sido o da investigação sobre as vidas profissionais das mulheres diplomatas em vários países do mundo. Temas dominantes incluem as maiores dificuldades por elas experienciadas – em contraste com os colegas do sexo masculino – em conseguirem promoções; assim como o assédio sexual e o moral; e o impacto de formas de organização do trabalho – como as horas de trabalho muito longas e as reuniões tardias – que não favorecem o equilíbrio entre a vida pessoal e profissional. Essas circunstâncias prejudicam particularmente as mulheres que tendem a ser as responsáveis primárias pela vida familiar. O já citado trabalho da diplomata Laura Delamonica (2014), no capítulo "Métodos de coleta de informação", sobre mulheres diplomatas brasileiras ilustra claramente alguns desses problemas.

Uma terceira especificidade da pesquisa feminista é o foco holístico no modo como se desenrola a pesquisa. Nesse sentido, a preocupação com o tratamento ético das informantes é central. Este é assegurado mediante a escuta ativa das histórias contadas pelas mulheres, o esforço de entendimento dos significados subjetivos que elas atribuem à sua vida e a atenção a possíveis dinâmicas de marginalização que possam surgir na interação entre pesquisador e informantes (Ackerly e True, 2008: 693-707). O já mencionado livro da autora, *Nation-Building, State and the Genderframing of Women's Rights in the United Arab Emirates (1971-2009)*, foi construído com bases nessas premissas.

Para concluir, e em adição aos trabalhos acadêmicos citados nesta seção, vale a pena referir também alguns dos temas que podem ser tratados em contribuições feministas de Relações Internacionais. Estes incluem a sub-representação das mulheres em posições de liderança global; a definição e a caracterização de movimentos feministas transnacionais; as relações entre organizações e/ou movimentos feministas internacionais; o papel e a invisibilização da participação feminina em guerras e conflitos armados, área temática geral na qual se destacam estudos sobre a habitual ausência das mulheres nas mesas de negociação de paz, assim como a utilização do estupro como arma de guerra.

ÉTICA, REFLEXIVIDADE E POSICIONALIDADE

Da metodologia, passamos para os temas da ética, da reflexividade e da posicionalidade. De fato, a escolha de uma moldura interpretativa

Metodologias, reflexividade e a escrita de um trabalho acadêmico

para o trabalho – mediante a seleção da metodologia adequada – é indissociável de preocupações com esses tópicos. São assuntos altamente complexos, mas que devem ser abordados pela importância que detêm na condução da pesquisa científica. Por esse motivo, apresentamos aqui uma introdução simplificada a essas temáticas. Aconselhamos que esta seção seja lida conjuntamente com a de "Entrevistas e amostragem" e a da "Pesquisa de campo" para uma visão mais holística acerca de questões éticas inerentes à interação com os sujeitos de pesquisa.

A ética concerne àquilo que devemos ou não fazer e, como tal, o debate sobre ela é muitíssimo amplo, existindo várias escolas de pensamento. Entre elas, o utilitarismo – que postula que as ações devem se pautar pelo bem da maioria; a deontologia – que afirma que temos obrigações ditadas por princípios como o de dizer a verdade; entre várias outras correntes. Algumas das questões que compõem dilemas dessa natureza estão codificadas em códigos de ética, cujo objetivo é o de proteger os envolvidos, tantos os investigadores como os sujeitos envolvidos na pesquisa. Os primeiros, ao se atentarem para as normas e os procedimentos presentes nos códigos de ética, protegem-se de eventuais acusações de abuso de poder e/ou de terem conflitos de interesse. Já os segundos obtêm da conduta ética dos primeiros a garantia de que os seus direitos – como os de não participação, de saída do estudo, de privacidade, para mencionar alguns – serão respeitados. Por isso mesmo, é importante que o pesquisador esteja ciente dessas questões enquanto escolhe o seu tema de pesquisa, particularmente se for um que envolva a participação de outras pessoas. A condução de entrevistas é um exemplo dessa possível interação. Como mencionado no capítulo anterior, um dos possíveis dilemas éticos que podem surgir na aplicação deste método de coleta de informação é precisamente o do uso ético pelo pesquisador dos dados obtidos. Exemplos incluem utilizar apenas a informação autorizada pelo entrevistado, e não aquela que tenha sido, porventura, transmitida em confidência. Incluem também fazer uso dos dados recolhidos de forma ética, de modo a que não cause embaraço ou outros problemas de gravidade variável ao entrevistado; e garantir a este último o grau de anonimização desejado na utilização da informação.

Qualquer pesquisa que envolva seres humanos tem que ser aprovada por um conselho de ética. Diferentes instituições de ensino terão os seus procedimentos, contudo, há uma série de conselhos gerais que serão aplicáveis a muitas delas. O pesquisador deve procurar a página de internet do conselho de ética da instituição a que está filiado e colher a informação necessária sobre a documentação que deve produzir. Entre outras coisas, o conselho poderá pedir que sejam documentadas as medidas tomadas (ou que vão ser tomadas) para proteger a privacidade dos participantes; como vai ser garantida a confidencialidade dos dados obtidos; e quais as estratégias a serem utilizadas para minimizar eventuais danos aos sujeitos de pesquisa que possam surgir a partir do uso dos dados.

Independentemente da natureza das questões éticas que possam surgir ao longo do trabalho, é sempre útil examinar a literatura de Relações Internacionais em conjunção com a de outras disciplinas. Os temas éticos tendem a ser transversais, perpassando questões e domínios como as relações de gênero, a privacidade, a proteção de dados na internet, o desenvolvimento econômico, as questões climáticas, entre muitos outros. De fato, assuntos que ainda não tenham sido tratados em Relações Internacionais podem tê-lo sido em disciplinas como Sociologia, Antropologia ou Direito, e esse estudo vir a ser de grande valia para o exame do tema em causa.

Questões ligadas à ética profissional na pesquisa científica estão muitas vezes em forte relação com uma importante virtude acerca da qual já se falou em alguns momentos anteriores: a da reflexividade. A reflexividade pode decorrer em vários níveis, e aqui vamos nos referir somente a dois: o pessoal e o disciplinar. Essas dimensões denotam processos complementares que devem decorrer ao longo das várias fases do projeto e, de preferência, simultaneamente. Em termos gerais, a reflexividade consiste na capacidade de reflexão crítica acerca das decisões que deram origem à configuração adquirida pelo projeto de pesquisa, tanto em termos de pergunta como de coleta de informação, análise e escrita. A reflexividade deve acompanhar cada um desses passos, auxiliando a esclarecer o porquê da escolha da pergunta e das fontes para análise em particular; as várias razões que informaram escolhas analíticas – por que a codificação e não a análise de discurso, por exemplo –, assim como o tipo de conhecimento que está a ser produzido como resultado da investigação.

A reflexividade pode ser entendida como uma (almejada) posição intermédia e virtuosa entre dois vícios acadêmicos opostos: o dogmatismo e a indecisão (McFarlane, 2009: 123-136). Os dois extremos são de evitar: o dogmatismo pode impedir que o pesquisador se mantenha aberto para assimilar à sua análise dados e conhecimentos que contrariem suas ideias iniciais. A indecisão é o outro extremo: induz à sensação de fraude e de que tudo o que é feito na pesquisa pode estar errado. Tanto o dogmatismo como a indecisão são empecilhos ao bom andamento (e à conclusão) do trabalho acadêmico. No primeiro caso, porque o dogmatismo pode levar à insistência em ideias preconcebidas, resultando na dificuldade em rever opiniões; e, no segundo, porque a indecisão muitas vezes se traduz na falta da autoconfiança necessária para dar às ideias a sua devida elaboração, o que se pode traduzir em dificuldades para concluir a redação de textos. O objetivo da reflexividade não o é de manter o pesquisador preso a um processo de autorreflexão indulgente e paralisante. Deve ser usada como um instrumento capaz de auxiliar no avanço da pesquisa. Os resultados do processo de reflexividade dependem largamente da posicionalidade do pesquisador, isto é, da posição ética e epistêmica que ele assume em relação ao trabalho.

Vamos colocar um exemplo do que é a posicionalidade em pesquisa. Um pesquisador está estudando um determinado movimento transnacional, o de proteção a animais, sendo que ele próprio adora animais. Nesse contexto, a preferência pessoal pode se traduzir num viés de pesquisa que afeta tanto a busca de informação como a sua interpretação. De forma simples, essa predileção determina a

Métodos de pesquisa em Relações Internacionais

posicionalidade do pesquisador em relação ao tema. É de referir que não são as preferências em si que podem ser um problema numa investigação, mas sim o modo como estas, porventura, influenciam a última. É aí que entram a reflexividade e a necessidade de ser honesto acerca das próprias lentes pessoais, mediante a identificação e a explicitação do modo como elas podem afetar as interpretações feitas, assim como as decisões de pesquisa tomadas. Nesse sentido, *a reflexividade desenvolve-se, em grande medida, através da reflexão contínua acerca da posicionalidade do pesquisador.*

A posicionalidade é fruto não só das características pessoais do pesquisador, mas também do treino disciplinar que recebe. Este pode induzi-lo, por exemplo, a favorecer certas formas de produzir conhecimento em detrimento de outras. Desse modo, encontra-se, por vezes, um entendimento muito rígido acerca de temas e métodos que "pertencem" às Relações Internacionais, à luz do qual o campo muitas vezes fica restrito às relações entre os atores do sistema internacional. Obras de caráter altamente reflexivo e pessoal são atípicas na área, mas há alguns exemplos de trabalhos do gênero que obtiveram sucesso. É o caso dos livros *Autobiographical International Relations: I, IR* e *Narrative Global Politics: Theory, History and the Personal in International Relations.* O primeiro foi publicado em 2010 e editado por Naeem Inayatullah; e o segundo publicado seis anos mais tarde, em 2016, por Inayatullah e Elizabeth Dauphinee. Ambos consistem numa coleção de ensaios autobiográficos escritos por figuras conhecidas da disciplina de Relações Internacionais, produzidos em estilo narrativo e confessional, acerca de como as suas circunstâncias de vida as levaram para o estudo dessa disciplina. Simultaneamente, fazem conexões entre episódios das suas vidas e temas da área, produzindo, assim, narrativas em que entrelaçam o nacional e o internacional.

Para uma melhor compreensão acerca dos temas de posicionalidade e reflexividade, propomos o exercício do quadro a seguir, a ser realizado no início de um trabalho de pesquisa:

Metodologias, reflexividade e a escrita de um trabalho acadêmico

Exercício prático: escolha de tema, posicionalidade e reflexividade

O objetivo deste exercício é o de promover uma reflexão sobre projetos anteriores (inclusive trabalhos pequenos realizados para disciplinas), como um modo de identificar as lentes interpretativas pessoais e a maneira como elas podem afetar a pesquisa. É importante ser honesto e pensar bem nas respostas.

1. Identifique o que correu bem ou mal em termos práticos. (Por exemplo, um ponto positivo poderia ser ter trabalhado um pouco todos os dias; um negativo, o de ser suscetível a distrações.)

2. Com base na resposta à pergunta anterior, identifique episódios que possam ser considerados exemplos de 'dogmatismo' e de 'indecisão' (ambos vícios), de um lado; e de reflexividade (a virtude), do outro. Você deve fazer uma lista de cada um deles. (Um exemplo de dogmatismo seria a insistência num referencial teórico não apropriado ao tema; um de indecisão, não enveredar pela linha argumentativa mais plausível por receio da crítica.)

3. Com base no que escreveu atrás, faça um plano de ação para o seu projeto atual que contemple passos positivos e produtivos para a realização da sua pesquisa.

4. Agora considere o tema novo que escolheu. Pense acerca da sua posicionalidade. Por que você escolheu esse tópico e qual a sua opinião acerca dele? Inclua questões como eventual apego emocional, conexão familiar ou pessoal, afinidade profissional, crenças fantasiosas e exoticizadas acerca do tema, além de outras que lhe pareçam relevantes.

5. Você ocupa posições de privilégio ou de marginalidade em relação ao tema e a eventuais participantes? Nesse sentido, reflita sobre a dualidade *insider/outsider*, i.e., 'de fora' e 'de dentro', discutida no capítulo "Métodos de coleta de informação".

Em função da resposta, considere:

    a. Como isso afeta a delimitação da pesquisa e eventual relação com os participantes?

    b. Quais as vantagens e as desvantagens associadas a cada uma das posições?

6. Você tem preocupações com a sua segurança que possam decorrer da prossecução da pesquisa? Quais? Reflita sobre como minorá-las/eliminá-las.

Métodos de pesquisa em Relações Internacionais

Após este exercício, encerramos aqui o momento analítico deste capítulo e passamos agora para sua segunda dimensão. O enfoque será em tarefas de pesquisa que têm características mais práticas: a prossecução de um projeto de pesquisa e a realização de um trabalho acadêmico.

PERGUNTA E ESTRUTURA DE UM PROJETO DE PESQUISA

Ao realizar um projeto de pesquisa, é necessário ter em mente que ele possui uma estrutura relativamente fixa. Existem, naturalmente, variações em nomenclatura, assim como na ordem dos itens, que dependem não só da ênfase do trabalho, como também da orientação metodológica do projeto. Sugerimos, portanto, que o projeto de pesquisa contenha os seguintes itens:

1. Título
2. Tema
3. Pergunta
4. Hipótese(s)
5. Referencial ou marco teórico
6. Metodologia
7. Métodos para a coleta da informação
8. Métodos para a análise da informação
9. Argumento provisório
10. Linhas de conclusão
11. Estrutura capitular
12. Bibliografia

Como o esquema do quadro indica, um projeto de investigação inicia-se com a definição de um tema para servir de base à formulação de uma pergunta de pesquisa. Aquele pode surgir suscitado por uma curiosidade desencadeada por uma notícia de imprensa, uma leitura ou algum tipo de interesse pessoal. Essa curiosidade inicial vai dar origem ao que designamos de pergunta "de partida", que é aquela possível de responder com relativa facilidade, mediante a mera consulta e leitura de bibliografia. É a pergunta simples que surge quando ainda se está na fase inicial de conhecimento dos materiais. Por exemplo, se a pergunta for quantas vezes o presidente Luiz Inácio Lula da Silva (2003-2010) falou sobre a região do Oriente Médio nos seus discursos, encontrar a resposta pode até demorar um pouco, mas não será nenhum grande desafio intelectual. Para o efeito, basta coletar os discursos e contar quantas vezes a expressão aparece neles. Esta tarefa não implica uma pesquisa acadêmica propriamente dita, ou seja, a articulação de ideias e argumentos oriundos de fontes diferentes e a sua combinação numa resposta lógica e coerente. Não demandando esses passos, a pergunta delimitada é de partida. No processo de formulação da pergunta, é necessário atentar também para o grau de interesse e de engajamento do pesquisador com o tema escolhido. Se o interesse pelo tema for meramente pessoal, e este poder ser satisfeito com a leitura de meia dúzia de artigos, de imprensa ou científicos, nesse caso o assunto não deve ser levado para o grau mais elevado que é a pesquisa acadêmica. A prossecução desta pressupõe um grande investimento em termos de tempo, leitura e energia, por isso é importante que o tema escolhido para investigação seja um que desperte grande interesse junto ao pesquisador. Só assim a pergunta de partida pode ser transformada numa de pesquisa. A própria pergunta a que se chega tem uma natureza provisória, pois com o passar do tempo e a concomitante acumulação de leituras, assim como a reflexão sobre elas, ela vai se tornar mais densa e mais sofisticada. Em suma, conforme detalha o quadro:

Pergunta de partida: Responde-se com a mera leitura de materiais.

Pergunta de pesquisa: Só se consegue responder mediante a combinação organizada e teoricamente estruturada de informação de diferentes fontes.

Métodos de pesquisa em Relações Internacionais

Tendo construído essa pergunta provisória, o passo seguinte é a formulação da(s) hipótese(s). Esta(s) consiste(m) em frases cuidadosamente pensadas e definidas com base na literatura. Elas devem refletir, o melhor possível, aquilo que se espera encontrar e/ou testar nos dados. As hipóteses assim formuladas são, também elas, provisórias. Derivam direta e logicamente da pergunta de pesquisa, ou seja, dos conceitos que constam na última. Na sua formulação, deve ser levado em conta que as hipóteses devem incluir os conceitos e as variáveis, cuja definição e/ou inter-relação se pretende investigar. Mais precisamente, tem que ser possível realizar de maneira efetiva essa testagem de hipóteses. Isso significa, na prática, que não deve ser incluída informação à qual não se tem acesso, por exemplo, as opiniões de uma determinada categoria profissional à qual é muito difícil aceder, ou as minutas de reuniões que não são públicas. Esse modo de formulação e testagem de hipóteses é denominado método hipotético-dedutivo ou científico, e é típico das ciências exatas. Na sua redação, deve ser levado em consideração que as hipóteses refletem aquilo que é esperado encontrar nos dados. Se aquelas não corresponderem ao que os últimos efetivamente transmitem, isso significa que há problemas no desenho de pesquisa. Pode, então, ser necessário reler os materiais e reformular as hipóteses.

Tendo explicado as linhas gerais do que são hipóteses, passamos agora às três maneiras tradicionais de as formular: dedução, indução e abdução. A dedução parte de uma teoria ou de um modelo teórico disponível na literatura. Isto é, hipóteses de cariz dedutivo são formuladas com base na literatura preexistente, e são testadas, confirmadas ou rejeitadas pela análise dos dados. Como mencionado anteriormente, esse tipo de pesquisa é favorecido em pesquisa quantitativa e em trabalhos de cunho positivista.

Na indução, o ponto de partida são as observações empíricas, a partir das quais se generaliza para uma teoria ou proposição geral. Uma nota de cautela: para inferir algo indutivamente é preciso compreender o material que se está lendo ou observando, ou seja, compreender não só o significado manifesto – aquilo que é aparente –, mas também o latente, isto é, os significados revelados pelos materiais. Por contraste à dedução, na indução, busca-se construir teorias e não as testar. Nesse sentido, trata-se de um método particularmente apropriado para trabalhos qualitativos, pois os conceitos e a teoria emergem a partir da coleção e da análise de dados. A abdução é uma forma de inferência lógica caracterizada pela suspensão da opinião do pesquisador, de modo a olhar para os dados emergentes com mente aberta e construir um novo conhecimento científico a partir daquilo que observa. A teoria explicativa que resulta do processo de abdução pode propor a existência de algo que nunca foi observado ou que não pode ser observado diretamente (Reichertz, 2014: 123-127).

O item que se segue no projeto de pesquisa é o referencial teórico, muitas vezes designado de marco teórico. Esse é o esqueleto de qualquer trabalho acadêmico. A identificação de um referencial que seja apropriado ao trabalho pressupõe a leitura e o estudo da literatura relevante, com o objetivo de identificar as teorias que têm sido utilizadas na(s) área(s) específica(s) de interesse. Nessa leitura dirigida, é necessário ter em mente que um texto será lido e interpretado de formas diferentes, consoante se esteja no início, no meio ou no fim da elaboração do trabalho acadêmico. Para facilitar o regresso eventual a esse texto, aconselhamos, no próprio texto, a escrita de um parágrafo que sintetize sua ideia central, para referência futura.

Na busca por referenciais teóricos, é necessário considerar que o mesmo material pode ser investigado de várias maneiras diferentes, ou seja, com marcos teóricos bastante díspares entre si. Vejamos alguns exemplos desta situação. Consideremos como problemática de pesquisa a ascensão econômica da China no sistema internacional. Essa questão pode ser estudada de várias formas e aqui elencaremos somente algumas. Uma teoria possível é a do realismo ofensivo de John Mearsheimer, que preconiza a ascensão violenta de novos poderes no sistema internacional. Contudo, esse caso empírico – o crescente poder internacional da China – pode ser investigado também de outras maneiras. Outra teoria possível é a busca de *status* internacional, um referencial que examina as várias formas através das quais um país tenta convencer os outros Estados de que merece um *status* superior àquele que lhe é atribuído pelos seus pares. A ajuda humanitária, por exemplo, é um modo de construir *status*. Nesse campo de atuação, há várias formas de um Estado adquirir a reputação desejada, sendo a doação um exemplo disso. De fato, durante a pandemia da covid-19, a China doou extensamente máscaras e respiradores a outros países, particularmente no início da pandemia em que materiais hospitalares estavam em falta. O humanitarismo, portanto, é uma forma de *soft power* – de poder não militar –, altamente relevante na sociedade internacional contemporânea. Isso é expresso na existência de rankings que avaliam e ordenam os países de acordo com o seu grau de contribuição humanitária, a exemplo do ranking da Assistência Oficial ao Desenvolvimento da Organização para a Cooperação e Desenvolvimento Econômico (OCDE). O importante é que, independentemente do referencial teórico escolhido, este esteja alinhado com a pergunta de pesquisa. Por alinhado entendemos que o referencial e a pergunta devem se debruçar sobre o mesmo tema, e que deve fazer sentido lógico que o marco teórico escolhido seja utilizado para responder à pergunta em tela. Se um referencial teórico estiver descolado da pergunta, isso ficará evidente quando o pesquisador tentar responder à última. A resposta – baseada nesse referencial – evocará temas díspares e estes, por sua vez, conduzirão a diferentes perguntas de pesquisa. Nesse caso, o pesquisador poderá perguntar-se a si próprio: será que está sendo dogmático insistindo num referencial com o qual está encantado, mas que não é apropriado à pergunta? Nessa situação, as soluções possíveis são mudar o referencial ou voltar ao processo de construção da pergunta. O exercício que propusemos anteriormente sobre escolha de tema e reflexividade pode ajudar a identificar vieses pessoais e a reorientar o direcionamento da pesquisa.

Na sequência da escolha do referencial teórico, os passos seguintes na elaboração de um projeto de pesquisa são a escolha da metodologia, assim como a coleta e a análise de dados, temas esses que já foram apresentados e discutidos nos capítulos precedentes. Conforme a tabela explicativa constante no início desta seção, às partes citadas segue-se a redação do argumento, que discutimos a seguir.

A ESCRITA DO ARGUMENTO

O argumento de um trabalho acadêmico constitui o cerne da pesquisa realizada. O argumento desenvolve-se a partir do entrelaçamento e da combinação direcionada da análise do material de pesquisa e da literatura da área de interesse. O objetivo é produzir um texto coerente e coeso que seja capaz de responder à pergunta de pesquisa. É de relembrar que, tal como foi dito anteriormente, os dados recolhidos ao longo da pesquisa – através de observações, entrevistas, grupos focais, pesquisa de campo, entre outros – não são neutros nem falam por si próprios. Os dados coletados são o produto de uma série de decisões tomadas a partir do momento em que foram decididos os meios através dos quais os obter. Por exemplo, no estudo da política externa brasileira, uma potencial decisão em não entrevistar os diplomatas que se dedicam a essa área em particular, e focar somente a literatura secundária, certamente ditará o tipo de trabalho que irá ser produzido. Além disso, e retomando um exemplo apresentado na seção intitulada "Entrevistas e amostragem", o modo como as entrevistas são conduzidas e a informação que delas se retira diferem consoante o trabalho privilegie uma orientação positivista ou interpretativista. Recordemos que, na ótica da condução de um trabalho positivista, as entrevistas são realizadas para aferir fatos. Se existirem contradições nas informações obtidas, o pesquisador vai tentar descobrir o que aconteceu através, por exemplo, da triangulação. Essa técnica consiste em buscar outras fontes que relatem o mesmo tema. Em contraste, na perspectiva interpretativista, ao pesquisador interessa as visões de mundo dos entrevistados, especificamente o modo individual e particular como eles apresentam essas informações. Nesse sentido, os eventuais relatos contraditórios são considerados uma

Métodos de pesquisa em Relações Internacionais

expressão da visão de mundo dos entrevistados, que é precisamente o que interessa ao pesquisador explorar. Em ambos os casos, contudo, os dados de relevo devem ser recortados do material empírico sob análise, interpretados através do método de análise escolhido e colocados no esqueleto oferecido pelo referencial teórico. O resultado desse trabalho interpretativo é o argumento, o cerne de um texto acadêmico. É aquele que deve ocupar o maior número de páginas num trabalho, e também o que, pela sua complexidade, demora mais tempo a escrever.

Como começar, então, a redigir o argumento? Tudo começa com os materiais que estão disponíveis para análise. Tendo obtido uma série de ideias e interpretações mediante a aplicação de um dos métodos de análise elencados no capítulo "Métodos para a análise da informação", torna-se, agora, necessário juntar esses elementos de forma lógica e articulada. No processo de inter-relacionar os "pedaços" de análises, deve-se considerar a miríade de relações que estes podem ter entre si. Pode-se complementar, contradizer ou expandir o leque interpretativo uns dos outros. A informação deve ser reunida em grupos e subgrupos, e estas divisórias temático-interpretativas podem a vir a transformar-se em capítulos ou seções do trabalho acadêmico. Expressões e metáforas relevantes também podem ser utilizadas como potenciais fios interpretativos e/ou como títulos das citadas seções e capítulos. Como mencionado previamente, a autora, na sua pesquisa de doutorado, encontrou frequentemente a expressão: "Como as mulheres educam metade da sociedade, elas são toda a sociedade". Esse é um exemplo de expressão que tem um caráter apelativo e que pode servir aos propósitos citados de fio interpretativo e/ou título de seção.

Ao redigir o argumento, antes de passar à análise, os dados devem ser descritos, mas o objetivo de um trabalho acadêmico não é o de produzir um manuscrito descritivo (a não ser que este seja o primeiro trabalho jamais escrito sobre o tema, o que é comum em pesquisas de doutorado, não nas de graduação). Na sequência, deve ser fornecida uma interpretação dos dados, tratados através do método de análise escolhido e norteada pelo referencial teórico. O processo de redação do argumento consiste em escrever e reescrever várias vezes, consultando a literatura relevante quando necessário, para clarificações, ideias novas e suporte argumentativo. É ideal que se volte várias vezes aos mesmos textos em fases diferentes da escrita. Como mencionado, a leitura de um mesmo texto no início, e depois mais para o fim da escrita, poderá oferecer ideias novas depois de o pesquisador já ter reunido uma grande quantidade de conhecimentos sobre o tema. Nesse sentido, oferecemos uma nota de cautela: se a perspectiva inicial se mantiver dominante mesmo após toda essa acumulação de leitura e estudo, é possível que se esteja caindo no dogmatismo e fazendo um trabalho pouco científico. O processo de reflexividade descrito anteriormente é chave para lidar com essas questões na pesquisa. De fato, ao redigir o seu texto, o pesquisador deve perguntar-se: esta informação é realmente importante para a construção do argumento? Deriva claramente do fio interpretativo do trabalho? A interpretação que estou produzindo tem suporte na literatura? Deve também verificar se a análise efetuada e, consequentemente, a resposta oferecida correspondem de fato àquilo que é demandado pela pergunta da pesquisa; e se existem temas no trabalho que têm pouco suporte empírico, mas que se insiste, mesmo assim, em manter.

Pelo exposto, torna-se claro que o texto não fica maduro escrevendo somente uma, duas ou até mesmo três versões. É necessário insistir, reescrever múltiplas vezes as palavras, expressões e frases, até que elas reflitam as ideias que se quer transmitir de forma clara. Através do processo simultâneo de consulta de literatura e de redação do trabalho, vai ser identificado e separado o necessário do acessório, movendo-se partes do texto ao longo do documento, reestruturando-se, acrescentando-se e eliminando-se frases, clarificando-se passagens, retirando-se ambiguidades e repetições. A linguagem deve ser cuidada e inclusiva, preferencialmente sem gíria nem coloquialismos, com substituição de palavras e expressões cuja interpretação possa gerar dúvidas. Os tempos verbais e os respectivos pronomes pessoais devem estar alinhados, evitando-se jargão desnecessário, e o uso excessivo de palavras e frases demasiado longas e difíceis de compreender para o leitor. Por isso mesmo, as frases devem ser refinadas, melhorando-se a gramática e substituindo-se palavras idênticas por sinônimos encontrados no dicionário. Melhorar um texto é, muitas vezes, precisamente isto: um processo simultâneo de descarte – de palavras, frases, conceitos desnecessários – e de junção – de ideias e interpretações em formas que, muitas vezes, não tinham sido consideradas inicialmente. Esse é o processo normal da escrita científica. Deve-se cuidar para que a narrativa proposta se desenvolva através do entrelaçamento com as ideias apresentadas pelos autores, cujas obras pertencem à revisão de literatura. A utilização da literatura do campo de interesse é muito importante, pois ela deve ser usada como suporte ao argumento, mediante a explicitação do grau de concordância ou divergência do pesquisador em relação a elas. É esse exercício que aumenta a densidade analítica. Se essa interação não existir, a pesquisa tende a perder pertinência e poder de persuasão. Nesse processo, quanto mais se lê e se reescreve, mais se aprimora o argumento, tornando-o mais concreto, denso e sofisticado. Ao passar de uma seção para outra, é importante fazer a ligação temática entre elas através de uma frase para que o leitor saiba o que esperar a seguir. Por exemplo, "esta seção demostrou x, y. Na próxima será desenvolvido o ponto z". Sugerimos também que sejam utilizadas paráfrases para se referir às ideias de outros autores, e que as citações diretas sejam usadas com parcimônia, somente quando, por exemplo, se tratar de uma frase particularmente expressiva, que seja difícil de traduzir ou de colocar em outras palavras, sem prejuízo ao seu apelo original. O excesso de citações, para além de gerar a impressão no leitor de que o pesquisador não tem ideias próprias, também impede um engajamento crítico com as palavras e os conceitos da citação em causa. O esforço de fazer paráfrase obriga a pensar na frase e em significados e sinônimos de cada palavra que a compõem. Esse processo gera, muitas vezes, ideias novas. No caso de serem utilizadas citações, o pesquisador deve mantê-las relativamente curtas, de não mais de três linhas; e certificar-se de que ilustram realmente a análise proposta.

No processo de redação do texto, é necessário acautelar-se também para a existência de outras interpretações plausíveis para os dados, mas que não estão sendo utilizadas. Se esse for o caso, é preciso especificar o porquê da sua minimização ou descarte. O pesquisador deve também certificar-se de que não ignorou autores ou dados que contradizem o argumento ou que o tornam mais difícil. Avanços na qualidade do texto podem nascer precisamente do esforço de engajamento com autores que detêm perspectivas díspares.

Ao longo do processo de escrita, é importante manter a todo o momento, de preferência em local visível, um esquema da estrutura do trabalho, para ajudar a refrescar a memória sobre os temas a serem tratados e o local – capítulo ou seção – do texto em que será mais pertinente alocar as ideias que vão surgindo. Um possível esquema é precisamente o quadro sobre a estrutura de um projeto de pesquisa que apresentamos neste capítulo. Dado o exposto, torna-se óbvio que a escrita acadêmica é um processo que requer treino, tempo e paciência, para se debruçar de forma sistemática e repetitiva sobre as mesmas frases e expressões, e conseguir dar-lhes maior acuidade, densidade e elegância com cada nova iteração.

OS ELEMENTOS DE UM TRABALHO ACADÊMICO

Para encerrar esse viés mais organizacional que caracteriza este capítulo, e já tendo explicitado os elementos que devem constar num projeto de pesquisa, damos agora um passo à frente na direção da escrita do manuscrito. Como em termos organizacionais um trabalho acadêmico segue, muitas vezes, a lógica inerente à de um projeto de pesquisa, esta seção será, naturalmente, breve.

Como foi dito, o manuscrito deve seguir a sequência indicada para um projeto de pesquisa, mas com algumas adições e alterações. Por exemplo, não devem ser replicados subtítulos como "Referencial

Métodos de pesquisa em Relações Internacionais

teórico" ou "Métodos de coleta de informação". Pelo contrário, é ideal que os títulos sejam apelativos, relacionados com o conteúdo a que se referem e que não sejam demasiado longos. Por apelativos, entendemos que devem se referir ao conteúdo da seção, emanando, a partir de algum ponto, expressão ou palavra interessante do material ou da análise realizada, que valha a pena replicar.

Em termos gerais, o trabalho deve começar pelo sumário, seguido de introdução, argumento, conclusão e as referências ou bibliografia. Ao final, podem ser acrescentados apêndices, caso sejam necessários.

O *resumo* deve introduzir o tema e a pergunta de pesquisa, descrever a amostra (caso exista) e explicar os métodos de coleta e de análise da informação. Como o próprio nome indica, o resumo deve sintetizar de forma breve o argumento e a conclusão. É importante devotar algum tempo à redação desse item, escrevendo e reescrevendo porque é o cartão de visita do trabalho, a primeira coisa que o leitor vai ler. Nesse sentido, a cada iteração, o sumário vai se tornando mais claro, sucinto e chamativo. A *Revista de Sociologia e Política* da Universidade do Paraná oferece no seu website um modelo de resumo estruturado que é bastante útil. Esse resumo pode ser encontrado aqui: <https://www.dropbox. com/s/ccb526d3inmcty2/1.Modelo%20de%20resumo%20estrutura-do%20PT.docx?dl=0>.

O item que se segue é a *introdução*. Nesta, deve ser escrito um texto geral sobre o tema do trabalho, explicando a importância da perspectiva que está sendo proposta. Devem ser apresentadas também de forma breve as limitações da pesquisa, ou seja, aquilo que, dado o tema, teria sido importante fazer, mas não foi possível. Exemplos incluem a impossibilidade de acesso a um dado material – por ser documentação classificada ou por se localizar num arquivo sediado noutra cidade ou país; ou a não consulta do material escrito no idioma X, por não estar familiarizado com a língua. De qualquer modo, independentemente das limitações encontradas, as justificativas apresentadas no trabalho devem ser de cunho acadêmico e não pessoal. A introdução deve também fazer uma apresentação do argumento central, explicando a forma como ele vai ser desenvolvido ao longo dos vários capítulos. Apesar de localizada no início do trabalho, sugerimos que a introdução seja a última a ser escrita. Recomendamos isso porque, ao final do trabalho, é possível ter uma visão mais ampla do que foi produzido, o que permitirá tanto apresentar como contextualizar o trabalho com mais propriedade, do que se a introdução for o primeiro item do trabalho acadêmico a ser escrito.

O capítulo ou seção seguinte é o de *metodologia e métodos*, no qual, como o próprio nome indica, devem ser elencados e explicitados a metodologia e os métodos de coleta e de análise de informação utilizados no trabalho acadêmico. Devem ser também retomadas as eventuais reflexões que tenham sido feitas na introdução sobre as limitações do trabalho, explicitando como estas foram supridas. Nessa seção, devem ser igualmente mencionadas potenciais questões éticas associadas ao trabalho, incluindo dados sobre o processo de reflexividade efetuado que sejam relevantes para a análise em tela. Finda essa seção ou capítulo, segue-se a parte mais importante do trabalho, que é o *argumento*. Como foi dito anteriormente, ele deve entrelaçar, de forma coerente e lógica, os dados empíricos com a literatura específica da disciplina. A informação deve ser condensada e, sempre que for apropriado, apresentada em esquemas ou em tabelas para auxiliar o leitor a compreender melhor o trabalho. Com a ajuda da literatura do campo, o pesquisador deve identificar e analisar os resultados empíricos apresentando, de maneira clara, os avanços que são propostos na interpretação do tema. Não devem ser tratados, contudo, como se fossem revolucionar a pesquisa científica. Boa escrita acadêmica apresenta resultados como tentativos. A *conclusão* é a parte final do trabalho e deve sumariar o argumento. Devem ser utilizadas formulações como: "Este trabalho visou responder à pergunta X e cumprir os objetivos Y". Sugerimos que a conclusão seja uma síntese do argumento, sem informação nova e, consequentemente, sem referências. A vantagem deste procedimento é a de colocar um ponto-final claro na argumentação. Por vezes, a introdução de dados novos na conclusão leva a mais análise, desviando do corpo do texto informação que estaria mais bem localizada nos capítulos ou nas seções analíticas. Em seguida, opcionalmente e caso se entenda pertinente, a conclusão pode ser continuada por uma das formas que se seguem, e que não são mutuamente excludentes. São elas: a) abordando tópicos que, apesar de relevantes para o tema em análise, não pertencem ao escopo do manuscrito; b) traçando generalizações a partir do trabalho; e c) apontando caminhos futuros de pesquisa.

Por fim, seguem-se as *referências* ou a *bibliografia*. As primeiras utilizam-se quando se mencionam somente os materiais que foram usados; enquanto a bibliografia é uma lista mais extensa da documentação relevante, incluindo aquela que não foi utilizada no trabalho. Por vezes, essa diferenciação não é feita, e o termo bibliografia apresenta-se como o mais comumente usado nos vários tipos de trabalhos publicados, como é o caso do presente livro. Aqui, a bibliografia apresenta, para além das referências utilizadas na construção do texto, indicações de leitura posterior, caso o leitor queira se aprofundar no estudo de outros temas.

Os *apêndices* consistem em material suplementar. O trabalho acadêmico pode ter um ou vários apêndices e incluir, entre outros, formulários de consentimento, roteiro de entrevistas, tabelas ou imagens. Caso sejam vários os apêndices, deve-se diferenciar claramente entre eles, atribuindo letras – A, B, C – ou números – 1, 2, 3 – a cada um, conforme as regras a que o trabalho tiver que se ater. Como o próprio nome indica, trata-se de material de apoio e, portanto, de natureza não crucial para o argumento. É importante não colocar no apêndice informação relevante, cujo lugar natural seria no corpo do trabalho.

Apêndice: Os CAQDAS, softwares de auxílio à pesquisa

Os CAQDAS são uma sigla que designa *Computer Aided Qualitative Data Analysis Software*. São, portanto, softwares de análise qualitativa e, como o próprio nome indica, eles destinam-se a auxiliar na análise de dados qualitativos. A sua utilização pressupõe uma aprendizagem separada e distinta daquela necessária à aplicação de métodos de pesquisa. Sendo assim, caso o pesquisador opte por utilizar um deles, deve prever um certo período de tempo no seu cronograma para fazer essa aprendizagem.

Apesar do nome, esses softwares não realizam análise. Na prática, auxiliam no arquivamento, na organização e na visualização da informação – o que é particularmente útil se esta for em grandes quantidades –, assim como em manter um registro dos passos que foram tomados para chegar às conclusões. Armazenam vários tipos de documentos, como artigos, fotografias, comentários de Facebook, mensagens de Twitter, áudios e vídeos; e podem ser importados diretamente do computador ou de softwares de gestão de referências. Em termos gerais, a utilização de um software compreende os seguintes passos: primeiro, importar os documentos para o software; segundo, ler os dados e anotar as instâncias de em que ocorrem as palavras ou frases de interesse. Estas são marcadas, à semelhança do que seria feito com um marca-texto, lápis

Métodos de pesquisa em Relações Internacionais

ou caneta caso a leitura estivesse sendo feita em papel. Deve-se colocar o cursor por cima da frase ou palavra, selecionar o segmento de interesse e atribuir-lhe um código, que consiste numa palavra ou expressão que sumarie o seu conteúdo. Além disso, podem ser adicionados comentários às citações de interesse (o equivalente às notas manuscritas nas laterais do papel ou ao post-it); e as notas podem ser visualizadas em conjunto.

Os CAQDAS são dispendiosos, por isso é necessário avaliar bem se vale a pena o investimento, tanto em termos de aprendizagem como de preço. No quadro a seguir consta uma pequena descrição dos softwares mais comuns no momento da escrita deste manual.

Para além das questões já citadas, é importante verificar também os requisitos de sistema dos softwares; se estes vão funcionar com facilidade e rapidez no computador em que vão ser utilizados, e se têm bom desempenho na análise dos materiais escolhidos. Pelo seu uso da codificação, eles são particularmente utilizados na aplicação dos seguintes métodos citados neste livro: a codificação, a análise de conteúdo qualitativa e a análise temática.

> Existem vários CAQDAS, e os mais conhecidos são o Nvivo, o Maxqda e o Atlas.ti, em versões para Windows e para Macintosh.
>
> Tanto o Nvivo como o Maxqda proporcionam um teste gratuito de 14 dias; e o Atlas.ti oferece todas as funcionalidades sem limite de tempo, mas limitado a 10 documentos. Caso o pesquisador tenha interesse em um deles, é vantajoso aproveitar essas ofertas para aferir o gosto pessoal pela interface, assim como para avaliar o modo como o software escolhido funciona no computador. O único que não tem requisitos mínimos de sistema é o Atlas.ti. Para aprender o funcionamento básico de cada um desses softwares, o pesquisador pode também assistir aos tutoriais grátis oferecidos nos sites de cada um deles, assim como aqueles disponibilizados no YouTube.

Sugestões de leitura

Caso o leitor tenha interesse em aprofundar os seus estudos nos temas e nos métodos discutidos ao longo deste livro, esta seção oferece um guia completo para o fazer, capítulo a capítulo. Um primeiro ponto de partida para o estudo são as próprias referências bibliográficas deste manual, já que todas elas se prestam a um aprofundamento dos temas específicos a que se referem. Por esse motivo, ao longo desta seção, referir-nos-emos a algumas delas, quando aplicáveis. A grande maioria das publicações recentes em métodos e metodologia das relações internacionais é em língua inglesa. Vale a pena o engajamento com elas, pois têm muito a agregar a uma formação mais ampla na área.

O primeiro capítulo é devotado aos vários métodos de coleta de informação. Começa com a revisão de literatura, distinguindo entre a primária, a secundária e a cinzenta. Sobre a pesquisa de campo e *gatekeepers,* recomendamos a leitura de dois artigos: Ann L. Cunliffe e Rafael Alcadipani (2016), "The Politics of Access in Fieldwork: Immersion, Backstage Dramas, and Deception"; e Isabel Crowhurst e Madeleine Kennedy-Macfoy (2013), "Troubling Gatekeepers: Methodological Considerations for Social Research".

Seguem-se os métodos da observação participante e não participante, para o estudo dos quais recomendamos a leitura de Greg Guest

Métodos de pesquisa em Relações Internacionais

et al. (2017), "Participant Observation", e também de James Spradley (1980), que tem um livro com o mesmo nome. Para a observação não participante, sugerimos Feng Liu e Sally Maitlis (2012), com o texto "Nonparticipant Observation".

Questões sobre a constituição da amostra podem ser aprofundadas mediante a leitura de Margrit Schreier (2018), "Sampling and Generalization"; e para estudo aprofundado sobre a condução de entrevistas e grupos focais sugerimos: Claire Greenstein e Layna Mosley (2020), "When Talk Isn't Cheap: Opportunities and Challenges in Interview Research"; e Virginie Van Ingelgom (2020), "Focus Groups: From Qualitative Data Generation to Analysis", respectivamente.

Um maior aprofundamento sobre a construção de questionários e sobre como os aplicar pode ser encontrado no compêndio *International Handbook of Survey Methodology*, publicado em 2008 e editado por Edith De Leeuw, Joop J. Hox e Don A. Dillman. Sobre vinhetas, o leitor pode aprofundar o seu conhecimento sobre como as construir e utilizar no texto: "The Construction and Interpretation of Vignettes in Social Research", publicado em 2004 por Rhidian Hughes e Meg Huby.

O segundo capítulo debruça-se sobre questões de confidencialidade e anonimização, assim como sobre diferentes métodos para a análise dos dados. Para aprofundar os estudos sobre transcrição, sugerimos o livro de Alexa Hepburn e Galina B. Bolden (2017), *Transcribing for Social Research*. A confidencialidade e a anonimização da informação recolhida podem ser exploradas em Karen Kaiser (2012), "Protecting Confidenciality"; e em Denise Thomson et al. (2005), "Central Questions of Anonymization", respectivamente. Johnny Saldaña é um dos grandes expoentes do método de codificação, e sugerimos a leitura do seu capítulo de livro publicado em 2014 e intitulado "Coding and Analysis Strategies", para maior aprofundamento da informação. Para estudar os métodos de análise de discurso e *process tracing*, recomendamos o livro de Kevin Dunn e Iver Neumann, publicado em 2016, e intitulado *Undertaking Discourse Analysis for Social Research*, e o livro de Derek Beach e Rasmus Brun Pedersen (2013), intitulado *Process-Tracing Methods*, respectivamente.

Em relação ao método da análise de conteúdo para a análise qualitativa, recomendamos o trabalho de Margrit Schreier, em particular o seu livro de 2012, *Qualitative Content Analysis in Practice*. Para a análise interpretativa, sugerimos o texto: "Interpretive Content Analysis. Stories and Arguments in Analytical Documents" (2006), de Clare Ginger, assim como o trabalho seminal de Dvora Yanow e Peregrine Schwartz-Shea sobre métodos interpretativos em relações internacionais. Nesse sentido, o livro de 2006 intitulado *Interpretation and Method Empirical Research Methods and the Interpretive Turn* é um excelente ponto de partida. Por fim, para uma leitura mais extensiva sobre a análise temática, sugerimos um livro e um artigo. O livro que aqui se propõe foi escrito em 2021 por Virginia Braun e Victoria Clarke e intitula-se *Thematic Analysis: a Practical Guide*. Em seguida, para aprofundar os estudos, sugerimos o artigo de 2017 intitulado "Thematic Analysis: Striving to Meet the Trustworthiness Criteria", escrito por Lorelli S. Nowell et al.

Em relação ao aprofundamento de estudos sobre pesquisa histórica, sugerimos o livro de Marc Trachtenberg, escrito em 2006 e intitulado *The Craft of International History. A Guide to Method*.

O terceiro e último capítulo é dedicado a metodologias, questões éticas e formulação de um projeto de pesquisa e de um trabalho acadêmico. Para um aprofundamento dos estudos das metodologias citadas, sugerimos, para a etnografia, a tese de mestrado da diplomata Laura Delamonica (2014), que se debruçou sobre as experiências das mulheres diplomatas brasileiras. Um outro texto sobre etnografia e relações internacionais que vale a pena estudar é o de Joseph MacKay e Jamie Levin (2015), "Hanging Out in International Politics: Two Kinds of Explanatory Political Ethnography for IR". Este texto aborda algumas das dificuldades na aplicação dos métodos etnográficos ao campo das relações internacionais, assim como formas de as ultrapassar.

Métodos de pesquisa em Relações Internacionais

Quanto à narrativa, um texto interessante que ilustra bem o uso dessa metodologia em relações internacionais é o artigo de 2016 da acadêmica franco-brasileira Manuela Levinas Picq, intitulado "Simultaneous Translation. Finding my Core in the Periphery".

O estudo de caso é amplamente utilizado em relações internacionais, e muita da literatura mais recente é bastante complexa e pressupõe familiarização com métodos quantitativos de pesquisa. Para uma boa síntese das origens, desenvolvimento e tipos de estudo de caso, sugerimos Helena Harrison et al. (2017), "Case Study Research: Foundations and Methodological Orientations". Para uma discussão e revisão do desenvolvimento do estudo de caso como método e metodologia em relações internacionais, sugerimos: Andrew Bennett e Colin Elman (2007), "Case Study Methods in the International Relations Subfield".

Em feminismo, Ann J. Tickner é uma das principais expoentes na área, e recomendamos a leitura do artigo dela de 2005, "What Is Your Research Program? Some Feminist Answers to International Relations Methodological Questions". Para uma aplicação empírica da metodologia, sugerimos o texto de Pamela Paxton (2000), "Women's Suffrage in the Measurement of Democracy: Problems of Operationalization", cujo argumento incide sobre a necessidade de incluir o sufrágio das mulheres como modo mais preciso de medição da transição dos Estados para a democracia.

Seguem-se as reflexões éticas sobre o projeto de pesquisa. Nesse sentido, recomendamos o livro de Bruce Macfarlane de 2009, intitulado *Researching with Integrity*, que oferece uma excelente e ampla visão sobre as questões anteriores. Sugerimos, em particular, o capítulo um, "O legado de Nuremberg", que explica a origem das preocupações éticas na pesquisa, assim como o capítulo nove sobre reflexividade, que aprofunda as questões citadas de dogmatismo, indecisão e reflexividade na pesquisa. Uma segunda sugestão ainda sobre esse tema é o texto de Roni Berger, intitulado "Now I See It, Now I don't: Researcher's Position and Reflexivity in Qualitative Research", publicado em 2013 no renomado jornal *Qualitative Research*. A autora oferece estratégias para gerir a posicionalidade do pesquisador ao longo do projeto de pesquisa.

Quanto à realização de um projeto de pesquisa, literaturas relevantes neste sentido incluem aquelas sobre a seleção de casos, construção de perguntas, hipóteses e teoria. Sugerimos, nesse sentido, três leituras: "Asking Interesting Questions", por William Roberts Clark (2020); "Induction, Deduction, Abduction", de Jo Reichertz (2014), que incide sobre a construção de hipóteses; e por fim, "Designing Qualitative Research Projects: Notes on Theory Building", de Ezequiel González-Ocantos (2020).

No Apêndice, são apresentados de forma breve os softwares para o auxílio à pesquisa. Para mais informações sobre o uso de CAQDAS, Susanne Friese escreveu extensivamente sobre eles, particularmente sobre o Atlas.ti. Para leitura, sugerimos o seu capítulo de livro de 2006, intitulado "Software and Fieldwork". Para o estudo aprofundado de como escrever um manuscrito, sugerimos obras de escrita científica. Um bom livro nesse sentido é o de Anne Janzer (2016), *The Writer's Process*.

Bibliografia

ACKERLY, Brooke; TRUE, Jacqui. "Reflexivity in Practice: Power and Ethics in Feminist Research on International Relations". *International Studies Review*, v. 10, n. 4, 2008, pp. 693-707.

ADIB-MOGHADDAM, Arshin. "Inventions of the Iran-Iraq War". *Middle East Critique*, v. 16, n. 1, 2007, pp. 63-83.

AL-ALI, Nadje. *Secularism, Gender and the State*: the Egyptian Women's Movement. Cambridge: Cambridge University Press, 2000.

AMERICAN Library Association. *Evaluating Information: Home*, mar. 2019. Acesso em: 30 dez. 2020.

BEACH, Derek; PEDERSEN, Rasmus Brun. *Process-Tracing Methods*: Foundations and Guidelines. Ann Arbor: The University of Michigan Press, 2013.

BENNETT, Andrew. 2. Case Study Methods: Design, Use, and Comparative Advantages. In: SPRINZ, Detlef F.; WOLINSKY-NAHMIAS, Yael (eds.). *Models, Numbers, and Cases:* Methods for Studying International Relations. Ann Arbor: The University of Michigan Press, 2004, pp. 19-55.

_____. Process Tracing. In: BADIE, Bertrand; BERG-SCHLOSSER, Dirk; MORLINO, Leonardo (eds.). *International Encyclopedia of Political Science*. Thousand Oaks: Sage, 2011.

_____; CHECKEL, Jeffrey T. (eds.). Process Tracing: from Philosophical Roots to Best Practices. In: BENNETT, Andrew; CHECKEL, Jeffrey T. (eds.). *Process Tracing*: From Metaphor to Analytical Tool. Cambridge: Cambridge University Press, 2015.

_____; ELMAN, Colin. "Case Study Methods in the International Relations Subfield". *Comparative Political Studies*, v. 40, n. 2, 2007, pp. 170-95.

BERGER, Roni. "Now I See It, Now I don't: Researcher's Position and Reflexivity in Qualitative Research". *Qualitative Research*, 2013, pp. 1-16.

BRAUN, Virginia; CLARKE, Victoria. "Using Thematic Analysis in Psychology." *Qualitative Research in Psychology*, v. 3, n. 2, 2006, pp. 77-101.

_____; _____. *Thematic Analysis:* a Practical Guide. Thousand Oaks: Sage, 2021.

BUSSAB, Wilton de O.; MORETTIN, Pedro A. *Estatística básica*. 9. ed. São Paulo: Saraiva, 2017.

CARVALHO PINTO, Vânia. *Nation-Building, State and the Genderframing of Women's Rights in the United Arab Emirates (1971-2009)*. Ithaca: Reading, 2012.

_____. A Rising Economic Agenda. Assessing Current Brazil–GCC Relations. In: FULTON, Jonathan; SIM, Li-Chen (eds.). *External Powers and the Gulf Monarchies*. London/New York: Routledge, 2019.

CHECKEL, Jeffrey T. Process Tracing. In: KLOTZ, Audie; PRAKASH, Deepa (eds.). *Qualitative Methods in International Relations:* a Pluralist Guide. Basingstoke: Palgrave, 2009, pp. 114-30.

CLARK, William Roberts. Asking Interesting Questions. In: CURINI, Luigi; FRANZESE, Robert (eds.). *The Sage Handbook of Research Methods in Political Science and International Relations*. Thousand Oaks: Sage, 2020, pp. 7-25.

COHN, Carol. "Sex and Death in the Rational World of Defense Intellectuals". *Signs. Within and Without: Women, Gender, and Theory*, v. 12, n. 4, 1987, pp. 687-718.

CROWHURST, Isabel; KENNEDY-MACFOY, Madeleine. "Troubling Gatekeepers: Methodological Considerations for Social Research". *International Journal of Social Research Methodology*, v. 16, n. 6, 2013, pp. 457-62.

CUNLIFFE, Ann L.; ALCADIPANI, Rafael. "The Politics of Access in Fieldwork: Immersion, Backstage Dramas, and Deception". *Organizational Research Methods*, v. 19, n. 4, 2016, pp. 535-61.

DELAMONICA, Laura. *Mulheres diplomatas brasileiras*. Brasília, 2014. Dissertação (Mestrado em Relações Internacionais) — Universidade de Brasília.

DE LEEUW, Edith; HOX, Joop J.; DILLMANDon A. *International Handbook of Survey Methodology*. London/New York: Routledge, 2008.

DORATIOTO, Francisco. *Maldita Guerra*: nova história da Guerra do Paraguai. São Paulo: Companhia das Letras, 2002.

DRISCO, James W.; MASCHI, Tina. *Content Analysis*. Oxford: Oxford University Press, 2016.

DUNN, Kevin; NEUMANN, Iver. *Undertaking Discourse Analysis for Social Research*. Ann Arbour: University of Michigan Press, 2016.

FRIESE, Susanne. Software and Fieldwork. In: HOBBS, Dick; WRIGHT, Richard (eds.). *The Sage Handbook of Fieldwork*. Thousand Oaks: Sage, 2006, pp. 309-32.

GINGER, Clare. Interpretive Content Analysis. Stories and Arguments in Analytical Documents. In: YANOW, Dvora; SCHWARTZ-SHEA, Peregrine (eds.). *Interpretation and Method Empirical Research Methods and the Interpretive Turn*. New York/London: M. E. Sharpe Armonk, 2006, pp. 331-48.

GONZÁLEZ-OCANTOS, Ezequiel. Designing Qualitative Research Projects: Notes on Theory Building. In: CURINI, Luigi; FRANZESE, Robert (eds.). *The Sage Handbook of Research Methods in Political Science and International Relations*. Thousand Oaks: Sage, 2020, pp. 104-20.

GREENSTEIN, Claire; MOSLEY, Layna. When Talk Isn't Cheap: Opportunities and Challenges in Interview Research. In: CURINI, Luigi; FRANZESE, Robert (eds.). *The Sage Handbook of Research Methods in Political Science and International Relations*. Thousand Oaks: Sage, 2020, pp. 1167-89.

GUEST, Greg; NAMEY, Emily E.; MITCHELL, Marilyn L. Participant Observation. In: _____; _____; _____. *Collecting Qualitative Data:* a Field Manual for Applied Research. Thousand Oaks: Sage, 2017.

HANSEN, Lene. Chapter 5. Discourse Analysis, Post-structuralism, and Foreign Policy. In: SMITH, Steve; HADFIELD, Amelia; DUNNE, Timothy (eds.). *Foreign Policy:* Theories, Actors, Cases. 3. ed. Oxford: Oxford University Press, 2016, pp. 95-110.

HANSON, Rebecca; RICHARDS, Patricia. "Sexual Harassment and the Construction of Ethnographic Knowledge". *Sociological Forum*, 2017, pp. 1-23.

HARRISON, Helena et al. "Case Study Research: Foundations and Methodological Orientations". *FQS*, v. 18, n. 1, 2017. Disponível em: <http://www.qualitative-research.net/index.php/fqs/article/view/2655>. Acesso em: 8 maio 2018.

HEPBURN, Alexa; BOLDEN, Galina B. *Transcribing for Social Research*. Thousand Oaks: Sage, 2017.

HUGHES, Rhidian; HUBY, Meg. "The Construction and Interpretation of Vignettes in Social Research". *Social Work & Social Sciences Review*, v. 11, n. 1, 2004, pp. 36-51.

INAYATULLAH, Naeem (ed.). *Autobiographical International Relations:* I, IR. London/New York: Routledge, 2010.

_____; DAUPHINEE, Elizabeth (eds.). *Narrative Global Politics. Theory, History and the Personal in International Relations*. London/New York: Routledge, 2016.

JANZER, Anne. *The Writer's Process:* Getting Your Brain in Gear. SLO, California: CPC, 2016.

JEZIERSKA, Katarzyna; TOWNS, Ann. Variations on Shared Themes. Branding the Nordics as Gender Equal. In: LARSEN, Eirinn; MOSS, Sigrun Marie; SKJELSBÆK, Inger (eds.). *Gender Equality and Nation Branding in the Nordic Region*. London/New York: Routledge, 2021.

KAISER, Karen. Protecting Confidentiality. In: GUBRIUM, Jaber et al (eds.). *The Sage Handbook of Interview Research*. The Complexity of the Craft. 2. ed. Los Angeles: Sage, 2012.

LEVY, Jack S. "Case Studies: Types, Designs, and Logics of Inference". *Conflict Management and Peace Science*, v. 25, 2008, pp. 1-18.

LITTIG, Beate. Interviewing the Elite – Interviewing Experts: Is There a Difference? In: BOGNER, Alexander; LITTIG, Beate; MENZ, Wolfgang (eds.). *Interviewing Experts*. Basingstoke: Palgrave, 2009, pp. 98-116.

LIU, Feng; MAITLIS, Sally. Nonparticipant Observation. In: MILLS, Albert J.; DUREPOS, Gabrielle; WIEBE, Elden (eds.). *Encyclopedia of Case Study Research*. Thousand Oaks: Sage, 2012.

MACFARLANE, Bruce. *Researching with Integrity. The Ethics of Academic Inquiry*. New York/London: Routledge, 2009.

MACKAY, Joseph; LEVIN, Jamie. "Hanging Out in International Politics: Two Kinds of Explanatory Political Ethnography for IR". *International Studies Review*, n. 17, 2015, pp. 163-88.

MCKINNEY, Wes. *Python para análise de dados*: tratamento de dados com Pandas, NumPy e IPython. São Paulo: Novatec, 2018.

MORGAN, David L.; HOFFMAN, Kim. Focus Groups. In: FLICK, Uwe (ed.). *The Sage Handbook of Qualitative Data Collection*. London: Sage, 2018.

NOWELL, Lorelli S. et al. "Thematic Analysis: Striving to Meet the Trustworthiness Criteria". *International Journal of Qualitative Methods*, v. 16, 2017, pp. 1-13.

PASHAKHANLOU, Arash Heydarian. "Fully Integrated Content Analysis in International Relations". *International Relations*, v. 31, n. 4, 2017, pp. 447-65.

PAULUS, Trena M.; LESTER, Jessica N.; DEMPSTER, Paul G. *Digital Tools for Qualitative Research*. London: Sage, 2015. Disponível em: <https://dx.doi.org/10.4135/9781473957671>. Acesso em: 9 jun. 2020.

PAXTON, Pamela. "Women's Suffrage in the Measurement of Democracy: Problems of Operationalization". *Studies in Comparative International Development*, v. 35, 2000, pp. 92-111.

PICQ, Manuela. Simultaneous Translation. Finding my Core in the Periphery. In: INAYATULLAH, Naeem; DAUPHINEE, Elizabeth (eds.). *Narrative Global Politics. Theory, History and the Personal in International Relations*. London/New York: Routledge, 2016, pp. 35-50.

REICHERTZ, Jo. Induction, Deduction, Abduction. In: FLICK, K.; SCOTT, Metzler, W. (eds.). *Sage Handbook of Qualitative Data Analysis*. Los Angeles/London: Sage, 2014, pp. 123-35.

SALDAÑA, Johnny. Coding and Analysis Strategies. In: LEAVY, Patricia (ed.). *The Oxford Handbook of Qualitative Research*. Oxford: Oxford University Press, 2014.

SCHREIER, Margrit. *Qualitative Content Analyis in Practice*. Los Angeles/London: Sage, 2012.

_____. Qualitative Content Analysis. In: FLICK, Uwe (ed.). *The Sage Handbook of Qualitative Data Analysis*. Thousand Oaks: Sage, 2014, pp. 170-83.

_____. Sampling and Generalization. In: FLICK, Uwe (ed.). *The Sage Handbook of Qualitative Data Collection*. London: Sage, 2018.

SMITHSON, Janet. Focus Groups. In: ALASUUTARI, Pertti; BICKMAN, Leonard; BRANNEN, Julia (eds.). *The Sage Handbook of Social Research Methods*. London: Sage, 2008.

SNYDER, Quddus. Z. "Integrating Rising Powers: Liberal Systemic Theory and the Mechanism of Competition". *Review of International Studies,* v. 39, n. 1, 2011, pp. 209-31.

SPRADLEY, James P. *Participant Observation*. New York: Holt, Rinehart and Winston, 1980.

TICKNER, J. Ann. "What is Your Research Program? Some Feminist Answers to International Relations Methodological Questions". *International Studies Quarterly*, v. 49, 2005, pp. 1-21.

THIES, Cameron G. "A Pragmatic Guide to Qualitative Historical Analysis in the Study of International Relations". *International Studies Perspectives*, v. 3, 2002, pp. 351-72.

THOMSON, Denise et al. "Central Questions of Anonymization: a Case Study of Secondary Use of Qualitative Data". *Forum: Qualitative Social Research*, v. 6, n. 1, 2005. Disponível em: <https://www.qualitative-research.net/index.php/fqs/article/view/511/1102>. Acesso em: 16 jun. 2021.

TRACHTENBERG, Marc. *The Craft of International History. A Guide to Method*. Princeton/Oxford: Princeton University Press, 2006.

UNIVERSITY of Leicester. School of Psycology. *What is the Jefferson Transcription System?*, s.d. Disponível em: <https://www2.le.ac.uk/departments/psychology/research/child-mental-health/cara-1/faqs/jefferson>. Acesso em: 21 jan. 2021.

VAN INGELGOM, Virginie. Focus Groups: from Qualitative Data Generation to Analysis. In: CURINI, L.; FRANZESE, R. (eds.). *The Sage Handbook of Research Methods in Political Science and International Relations*. Thousand Oaks: Sage, 2020, pp. 1190-1210.

WILLIG, Carla. Discourses and Discourse Analysis. In: FLICK, Uwe (ed.). *Sage Handbook of Qualitative Data Analysis*. Los Angeles: Sage, 2014, pp. 341-42.

ZHANG, Sarah. "Why a Medieval Woman Had Lapis Lazuli Hidden in Her Teeth". *The Atlantic*, 9 jan. 2019. Disponível em: <https://www.theatlantic.com/science/archive/2019/01/the-woman-with-lapis-lazuli-in-her-teeth/579760/>. Acesso em: 24 jan. 2022.

A autora

Vânia Carvalho Pinto é professora do Instituto de Relações Internacionais e pesquisadora do Centro de Estudos Globais da Universidade de Brasília. Também é pesquisadora do Conselho Nacional de Desenvolvimento Científico e Tecnológico (CNPq). Foi pesquisadora visitante na Universidade de Coimbra (Portugal).

GRÁFICA PAYM
Tel. [11] 4392-3344
paym@graficapaym.com.br